ケースで読み解く

デジタル変革時代のツーリズム

島川　崇
神田達哉
青木昌城
永井恵一
［著］

ミネルヴァ書房

はしがき

旅行会社は、企業・団体におけるＭＩＣＥ（Meeting〔会議・研修〕、Incentive〔招待・報奨〕、Convention または Conference〔学会・国際会議〕、Exhibition または Event〔展示会・イベント〕の頭文字からなる造語）の企画や運営、出張・業務渡航に関わる精算システムなど総務界隈の課題解決に代表されるビジネス領域での取り組みや、交流人口拡大を端緒とする地方創生事業へと、価値提供の対象領域を拡大して久しい。とはいえ、消費者にとって最も身近な存在であり、企業として社会とのコミュニケーションを日々深めることが可能なフィールドは、令和の時代に入った現在でも、個人・小グループを対象とした「リアル店舗」における旅行商品販売事業にほかならない。

しかしながら、ＯＴＡ（Online Travel Agency〔インターネット専業旅行会社〕）、ＩＴ系のスタートアップやプラットフォーマーなど「デジタル」を発端とするプレイヤーが市場を席捲しており、昭和以前の時代から旅行業を営む伝統的旅行会社が、当該事業領域で後塵を拝している状況は言うに及ばない。そうした状況においても、旅行会社は、新規参入企業を形式的に「脅威」と位置づけるに留まり、対抗策となり得る抜本的な改革や目覚ましいイノベーションの創出は道半ばであり、ポジティブな変化の表出は極めて限定的だ。

このような状況は、残念ながら致し方ないと捉えざるを得ない。現在、経営や事業運営の中心を担うのは、一九八〇年代後半に社会へと羽ばたき出した者たちだ。当時、文科系大学生であれば、商社や金融、メーカー、流通関係企業の求人が溢れていた。にもかかわらず、好景気の波にうまく乗れず、もしくは乗らずに、決して産業としての「地位」が高いわけでもなく、賃金において比して恵まれない業界へと「漂流してきた」わけである。勉強が苦手だったり考えることを避けたりしてきた人間も少なくはないだろう。年功序列で昇格しようとも、もともと育んできた思想に加え、バブル期の成功体験に執心した思考パターンでは、昨今の状況に効果的な打ち手を示すのは困難だ。ましてや、競合が本拠とする「デジタル」分野に関して門外漢とあっては、何をか言わんやである。それに、彼らは「定年」まで「逃げ切る」ことができる。ネクスト・ジェネレーションの本格的な出現には、時がまだ掛かる。一方、そのようなレイヤーへ「外」から入って来るのは、親会社からの短期的パラシュート部隊に限定され、優秀な「異能」やプロ経営者の存在はほとんど見られない。

ツーリズムの現場で、旅行会社は、「人」が発する企業の存在価値表出を諦めてしまってよいものだろうか。はたして「デジタル」とはどのように付き合い、活用することが求められるのだろうか。本書は、デジタル変革時代のツーリズムにおける諸課題について、様々なケーススタディから迫ることを目的としている。数あるツーリズム・観光関連書籍の中で、デジタルと「人」の関係に光を当てた事例はほとんど存在していない。本書によって、ツーリズム従事者や観光を学ぶ学生諸氏に限らず、他産業のビジネスパーソンにも、気づきや知見を授けることができれば光栄だ。

神田達哉

ケースで読み解くデジタル変革時代のツーリズム

目次

第Ⅱ部　AI時代に必要な顧客とのコミュニケーション

第Ⅲ部　デジタル変革時代に求められる企業組織

序章

デジタル時代のツーリズム

島川　崇

1　この本の目指すもの

本書は、デジタル変革時代にツーリズム産業はいかに生き残っていくかを模索するための一助となるべく、ツーリズム産業の現場に近い研究者が集結し、議論を重ねた上で執筆に至った。

近年、特にＡＩ（人工知能）に対する議論が盛んになっている。二〇一五年に野村総合研究所が発表したレポートにおいて、四九％の仕事があと一五年以内になくなるとの衝撃的な発表がなされたことは記憶に新しい。これによって、ＡＩが多くの仕事を奪っていくのではないか、自分の働き口は将来なくなってしまうのではないかと多くの人が不安に陥った。

おりしも、日本だけでなく、世界の先進国においてもデフレの傾向は継続しており、サービス業においてもそのサービスに対する低価格化の圧力には抗えない状況となっている。そのため、賃金も上がらず、さらに正社員の比率も下がっていることで、雇用が不安定な状況が生まれている。それに加えて、日本では年金に対する将来不安が特に令和の時代に入ってから顕在化することとなった。これらのような世間に広がる不安や閉塞感によって、ＡＩに私たち人間の仕事の機会が奪われるという警戒感が生じ、さらに思考停止に陥ってしまっている。ＡＩなどのデジタル変革に乗り遅れまいとあたふたするが、果たして何から手をつけていったらいいのか分からず、さらに迷走しているリーダーの発言も多く見受けられる。

そこで、本書では、ＡＩに過度な警戒感を持つことなく、冷静に状況を判断し、デジタル変革時代を乗り切るツーリズム産業のあるべき姿を模索することを試みる。そして、本書が大切にしたいのは、働く一人ひとりの労働者の視点である。労働者を一つの歯車や駒として扱うのではなく、人間としての尊厳、この世に生まれてきた者として当然追求するべき生きがい、お互いに助け合う気持ち——これは従業員同士で感じるのはもちろん、お客様に対しても、商品やサービスを売りつける対象と見るのではなく、お客様の足りないモノ、足りない想いを自社商品と出会うことで満たすという発想で、お客様とも一体となって商業活動を行うこと——これらを将来にわたっても持ち続け、人間として生きていくために、リーダーはどのようにメンバーを導いていくか、そしてそのようなリーダーになってもらうためにメンバーはどのようにアプローチしていくかを考える一助としてほしい。

本書は三部構成でデジタル変革とツーリズムの諸問題について考究するものである。

まず第Ⅰ部でデジタル変革と雇用に関して述べる。オフライン型旅行会社がＡＩ時代を生き残るためのあるべき労働力活用の方向性を示す。その上で、第Ⅱ部では、ＡＩ時代に必要な顧客とのコミュニケーションを深掘りする。ニーズを喚起するに至るマーケティングについて複数の観点から考察するとともに、消費者の「旅行プロセス」各段階での効果的なアプローチケースを示す。そして、第Ⅲ部では、デジタル変革時代に求められる企業組織に関して言及する。そこでは、このような時代となってもアナログの重要性は変わらないことや、組織構造や採用活動にも変革が求められていることを明らかにする。

第Ⅰ部は旅行産業論が専門の神奈川大学国際日本学部の島川崇と、観光政策が専門のサービス連合情報総研の神田達哉が主に執筆する。第Ⅱ部は、神田とホテル経営管理、経営企画が専門の青木昌城が執筆し、第Ⅲ部は、青木と観光産業におけるリーダーシップ論が専門の淑徳大学の永井恵一が執筆する。編集は、島川と神田が行う。

2　ツーリズム（観光）の定義

最初にツーリズムの定義を行っておきたい。ツーリズムと似た用語でトラベルがあるが、このツーリズムとトラベルの関係は、日本語の観光と旅行にそのまま合致する。トラベル、あるいは旅行は、その文字どおり旅に行くことである。すなわち、アウトバウンドである。それに対して、ツーリズム、あるいは観光は、旅に行くことと、旅人を迎えることの両方を指す。すなわち、アウトバウンドとインバウンドの両方を意味する。日本旅行業協会はツーウェイツーリズムの推進を謳っているが[1]、そもそも、ツーリズムという言葉は、もとからツーウェイツーリズムなのである。

このツーリズムという語の日本語訳として、明治の先人は「観光」を充てた。この観光の語源を探ると、ツーリズムに対する先人の想いが時を越えてひしひしと伝わってくる。

観光の語源は中国古典四書五経の一つに数えられる『易経』に見られる。「観国之光、利用賓于王。（国の光を観る、用《もっ》て王に賓たるに利《よ》ろし。）」と読み下される。『易経』は古代中国の占いの書であるが、占いはもっぱら王の独占事項であり、国の行く末を決するような場面で利用された。すなわち、占いとは、決断に迷ったときリーダーの人間のあるべき姿、取るべき態度が書かれてある。要するに、リーダーシップの指南書である。

竹村亞希子（二〇一二、二〇一四）は、易経の冒頭に龍のたとえ話が掲載されていることに着目し、王が龍の成長プロセスをもとに、天下を治めるリーダーとして成長し、やがて力が衰えていくときにいかに生くべきか、その洞察力と判断力を養えるようになっていると説く。

そのプロセスを、以下の六段階に分けている（易経本文で実際に記述されているのは①②⑤⑥の四段階であるが、竹村が易経全文の文脈から判断して本文中に登場する③④を含めて六段階としている）。

①潜龍（地中深く暗い淵に潜み隠れている龍、まだ世に認められる力はなく、その分、志を培う時期）

②見龍（明るい地上に現れ、目が見えるようになる。修養のはじめとして、師を見習って物事の基本を学

ぶ時期）
③乾惕《けんてき》（毎日同じことを繰り返して修養に励む時期。日進月歩の成長が期待できる）
④躍龍（修養を極め、リーダーになる一歩手前。独自性を発揮し、大空に昇ろうと躍り上がる時期）
⑤飛龍（天を翔け、雲を呼び、民に恵みの雨を降らせる。リーダーとしての能力を発揮し、志を達成する時期）
⑥亢《こう》龍（高みに昇り過ぎた龍は、やがて力が衰えて、降り龍となる。高みに昇り過ぎて雲はついていけない）

この中で、②見龍の段階において、「見龍田《でん》に在り。大人《たいじん》を見るに利ろし。」という一節がある。まさにこれこそ、「国の光を観る、用て王に賓たるに利ろし。」に通じるではないか。見龍とは、まさに龍が地中深くに潜んでいたところから、地上に出てきたときである。世の中が急に見えるようになり、様々な事象を見て学ぶことになる。そして、自分が「こうなりたい」と思う自分の将来像を実現している師（大人）と出会うこととなる。龍は必ず雲を従わせている。これは龍が水をつかさどり、人々に対して恵みの雨を降らせることができる力を持っていることを示している。そして、人々が育てて収穫を得るための基盤である田に現れるということは、龍がこれから人々のために恵みをもたらすことができる存在へと成長するために、立派な大人に出会う場所は、空の上ではなく、田に在るということなのである。そのような人生の師となる大人と現場で出会い、その人となりを見て学ぶということの大切さをこの文は示している。

そして、④躍龍の段階において「観国之光」の一節を見ることができる。躍龍は機を観る時期であると竹村は解説する。機を観る力、すなわち洞察力を養うためには、以下の五つの段階を踏むとされている。

第一段階「童観」(幼い子どもの目。見たまま、聞いたままの表明的な理解にとどまる)
第二段階「闚《き》観」(のぞき見。人から聞いたことをうのみにしてしまう。童観や闚観ではリーダーにあるまじきものの見方)
第三段階「主観」(わが身を省みて、自分の身の回りの出処進退が判断できるようになる)
第四段階「国の光を観る」(地方を含む国全体の情勢を見て、物事を客観視する。兆しを察知する。全体のために何をすべきかを瞬時に判断できるようになる)
第五段階「民を観て我が生を観る」(民の状況を自分の写し鏡のように観て、物事全体を正しく導くために何をすべきか知る)

「国の光を観る」のはリーダーとして必要な素養の一つである洞察力を身に着けた完成形の一歩手前であるという考え方である。飛龍になる前の躍龍の段階では、いろいろトライアンドエラーを重ねながら自分らしさがどこにあるかを認識することが求められている。

まさにそういう時期に、自国中を巡り、「光」に出会うことが有効であるということが述べられている。光とは、漢字を読み解くと、上部の⺌は火を表す。下部の儿は人を表す。すなわち、人工的な火、ピカピカ、ギラギラとした輝きを放っているもの、または人でキラキラと光っている人を表しているのではなかろうか。そういった本物に出会い、触れることで、真実を見抜く眼を養うことが求められている。

また、「観」は観るとも読み下されるし、観られる、観す（示す）とも読み下される。すなわち、観られるという受け身的存在となっていることも表している。「国の中にある本物（物でも、人でも）を（自分が）観ることで、真実を見抜く眼を持った立派な王になるだろう」という意味と、「国の中にある本物（物でも、人でも）を（他国の人に）観られることによって、（その国の財力や人材の豊富さに驚嘆される状況となり畏怖の念をいだかれることとなり）無碍に扱われることなく、鄭重に扱われるようになるだろう」という両面の意味を持つ。

すなわち、観光は、ツーリズムと同様、旅に行くことと、旅人を迎えることの両面であることが、ここからも明らかになっている。

さらに、「見る」と「観る」の違いは、「見る」は、目に見えるものを見る、「観る」は、見えるものだけでなく、目に見えないものも捉える。ここからも、観光は、ただ目の前のものの形や色等の表面を見るのではなく、その背景やたどってきた道、それを守ってきた人々の想いまで、想像力を駆使して考えるのが、観光のあるべき姿であるということがわかる。

このようなことを、まさに欧米に追い付こうと青雲の志を持った明治の先人たちは、「観光」の二文字に託し、国の未来に希望を託したのだと考えると、私たち現在の観光に関わる者は、表面的な入込客数や経済効果だけで観光を語ることの小ささを自覚せざるを得ない。日本が飛龍となって、世界の人々に恵みをもたらす存在になるように、観光はどう進めばよいのか、知恵を出し合ってみんなで考えていかなければならない。

3　旅行会社が置かれている状況

デジタル変革を語る上で、ターニングポイントとなるのは、アップル社のスマートフォン「iPhone」の日本での発売が開始された二〇〇八年（平成二〇年）ではなかろうか。iPhone はその利便性から一気に普及し、二〇一〇年には世帯別の保有状況は一〇％程度だったものが、二〇一七年には七五％を越え、初めてパソコンを追い抜いた。情報機器の中心がスマホになったことで、情報収集はもちろんのこと、情報発信の形態も大きく変化した。

この二〇〇八年という年は、米国の大手証券会社リーマンブラザーズの経営破たんがあった年でもある。日本は一足早くバブル崩壊後からのいわゆる「失われた〇〇年」という長期不況に入っていたが、世界経済全体に暗雲が立ち込めたのが、この二〇〇八年である。その三年後の二〇一一年には未曽有の大災害である東日本大震災が起こり、将来不安が引き続き国民の頭にずっしりとのしかかる状況の中でのデジタル変革という状況である。

観光・旅行業界に特化してみても、二〇〇八年という年はエポックメイキングな年である。一〇月に観光庁が創設された。観光庁創設により、ここから一気に訪日外国人旅行者の増加に繋がっていく。二〇一五年に四五年ぶりに訪日外国人旅行者数が日本人出国者数を上回った。二〇一八年に訪日外国人旅行者数は三一一九万人を数えている。その影に隠れているが、日本人出国者数も過去最高を数えており、二〇一八年は一八九五万人まで伸びている。また、二〇〇八年までは宿泊施設に関しても、旅館の客室数がホテルの客室数よりも上回っていたものの、翌二〇〇九年にそれが逆転し、ホテルの客室数が上回り、そのまま増加し、逆に旅館は客室数を減らし続けている。

この二〇〇八年からの変革が、現在に至っている。スマホの普及がそのままOTA（オンライントラベルエージェンシー）の台頭に繋がっていると言っても過言ではない。国内の主要旅行業者の取扱額を見たところ、国内OTAの草分けである楽天は二〇一三年度では六位だったものが、二〇一四年度には五位、二〇一五年度には三位、二〇一六年度以降はJTBに次いで二位の座を守っている。海外OTAも存在感を増しており、日本の旅行業資格を持ち合わせていないため、日本の取り扱い分は不明であるものの、日本人の海外旅行の手配だけでなく、日本人の国内旅行の手配にも海外OTAが利用されてきている実態がある。海外OTAは、ブッキングドットコム、アゴダ、カヤック、オープンテーブル等を有するブッキングホールディングス（旧プライスライン）とホテルズドットコム、トリバゴを傘下に持つエクスペディア、それに中国資本のシートリップと三大勢力にまとめることができる。ブッキングホールディングスは二〇一七年度の予約取扱総数は八一二億ドル、エクスペディア

の二〇一七年度の予約総数は八八四億ドルとなっている。(2)

ここまで見てみると、既存旅行会社のパイをOTAが奪っているように思われるのだが、既存旅行会社の最近の動向を見てみると、旅行業者数の総数は二〇一六年は一万一〇〇社、二〇一七年は一万三〇一社、二〇一八年は一万三九〇社と増加しているのである。さらに、主要旅行業者の取扱額も、二〇一六年度は、海外旅行一・九四兆円、国内旅行三・四兆円、外国人旅行〇・二兆円だったものが、二〇一七年度は、海外旅行二・〇七兆円、国内旅行三・四二兆円、外国人旅行〇・二二兆円と、どの分野も対前年比で伸ばしているのである。既存大手旅行会社の売上高の対前年比（二〇一六年と二〇一七年の比較）を見てみると、JTBのみ二・二%のマイナスで、KNTは二・三%増、HISは一五・三%増、阪急交通社は八・四%増、日本旅行は二・〇%増と軒並み実績を伸ばしている。さらに、パッケージツアーの利用に関する意識調査によると、パッケージツアーを利用しないと答えた人は、海外宿泊旅行に関しては、二〇一三年は五一・〇%だったものが、二〇一七年には四〇・一%になっている。また国内宿泊旅行に関しては、二〇一三年は五六・五%だったものが、二〇一七年には五三・六%にいずれも減少している。パッケージツアーも旧来型のお仕着せのものから、あらゆる工夫が施された、個人手配では実現できないこだわりの旅も現れてきており、またダイナミックパッケージも普及してきたことから、既存旅行業界の健闘ぶりも評価に値するといえよう。

そして、最近の動向としては、グーグルやアマゾンが旅行業への参入を模索している。そうなると、リアルな世界に生きる旅行会社よりも、ネットの中で完結している既存のOTAの方がまずその脅威にさらされることになるのは間違いない。既存旅行会社は、リアルの強みを捨ててしまったときにこそ、存亡の危機に陥る。リアルの強みを生かしながら、ＡＩ等のデジタルツールをうまく利活用することが、これからの時代に生き残る要諦である。

注

（1）一般社団法人日本旅行業協会海外旅行推進委員会「ツーウェイツーリズムによる交流大国の実現に向けて」（平成三〇年三月一六日）、二〇一八年。
（2）公益財団法人日本交通公社『旅行年報２０１８』公益財団法人日本交通公社、二〇一八年。

参考文献

『ＳＱＵＡＲＥ』第一九一号、一般社団法人サービス連合情報総研、二〇一八年。
竹村亞希子『超訳・易経』角川ＳＳＣ新書、二〇一二年。
竹村亞希子『リーダーの易経』角川ＳＳＣ新書、二〇一四年。

第Ⅰ部　デジタル変革と雇用

第1章

ICTに雇用は代替されるのか

神田達哉

ツーリズム産業は、事業活動を営む上で「人」の労働力に対する依存度が高いことから、労働集約型産業と位置づけられてきた。しかしながら、デジタル技術の進化に伴って、必ずしも「人」に依拠することなく事業を推進することが可能となっている。そして、そのようなプレイヤーがＢｔｏＣ領域を席捲しつつある。そうした状況を踏まえ、旅行会社が備えるべき視座とはいかなるものか、この第Ⅰ部において検討したい。デジタル領域外での革新的イノベーションがツーリズム産業において起こる可能性は、極めて乏しいと言わざるを得ない。時代の流れから既に「取り残されて」おり、半歩先を見通せないことを露呈している以上、そう考えるのが自然だろう。ただし、現実から目を背けてしまい、デジタル変革を否定したり門外漢だからと避けたりしていては、環境変化にますます適応できず退場はいよいよ避けられない。それらと上手に付き合っていくような心構えこそが必要である。「人」だからこそアウトプットできる固有の価値を整理した上で、ツーリズムにおけるそれらの価値を備えた人材とはどのような「人」であるかを論じていく。

本章では、ツーリズムの領域に限定することなく、ＩＣＴ（情報通信技術）が人の仕事に影響を及ぼすものの、直ちに代替されるわけではないことを示したい。デジタル変革に伴って「人」からコンピューターに業務の主体が移ると想定されるのは、仕事のうちの一部分に過ぎない。主体を人が担うタスクにおいて、「人」だからこそ保有する強みを最大限に発揮せねばならない。そのとき、働く者の立場で備えておきたい考え方について問うとともに、経営に対する政策提案として労使間で対応すべき協議事項を、示唆に富む海外の事例から検討していく。

1　そもそも仕事はどうなるのか

デジタル技術が人の仕事を奪う？

デジタル技術の進化によって、複雑な情報群を簡便に処理できるようになったデジタル変革の時代において、近い将来、ＡＩ（人工知能）によって「人の仕事の多くが奪われるのではないか」とする話題提供が依然として散見される。背景には、コンピューターの処理速度が速くなり、記憶容量が大きくなるとともに、小型化や低価格化が進むことで、「これまで出来なかったことが出来るようになる」と社会に受け入れられていることが挙げられる。それに、ＩＴに関わるビジネスや企業が新たに誕生している状況や、「働き方改革」に関連して仕事の仕方やライフスタイルが劇的に変化するという歴史を体験している点もある。また、「人生百年時代」という言葉が社会に定着したことも手伝い、

「終身雇用の崩壊」や年金を含めた社会保障政策への不信といった社会情報によって、働く人々に漠然とした将来に対する不安感が広がっていることも影響しているかもしれない。

その中で、実際、人の雇用にどういう影響が及ぶのかを捉えるにあたっては、二〇一八年八月にサービス連合情報総研が開催した研究集会において、山田久（株式会社日本総合研究所理事）が、楽観的な見方と悲観的な見方を元にした世界的議論が起こっていることを示した。前者は、基本的にはＡＩを含めた新しい技術と人間は共存できる、いわば補完関係にあるとする見方である。エリック・ブリニュルフソンらが発刊した『ザ・セカンド・マシン・エイジ』（日経ＢＰ、二〇一五年、原著二〇一四年）という書籍における考え方に代表される。デジタル技術の驚異的な発達は、総じて人類の歴史にとってよいことであるとの基本認識に基づき、既存のスキルは不要になり、所得格差も拡大するが解決可能と論じる。ＡＩと人間の補完関係を作り出すことで、雇用増と生産性向上の両立は可能とも主張している。一方後者は、ディープラーニングによって、人の知的活動に関わるところまでもコンピューターが入り込んでくるため、大量の失業者が発生し所得格差が一層拡大するとする見方だ。マーティン・フォードが『ロボットの脅威』（日本経済新聞出版、二〇一五年、原著二〇一五年）で示したものが典型とされる。多くの雇用がロボットに代替され、中間層が消滅し、消費は縮小して経済成長が困難になるとした。近年の技術革新のスピードはあまりにも速く、人は変化についていくことができないとしている。また、音楽の作曲やアナリストのレポートなど、かつては創造的で機械には代替できないと思われてきた仕事も、ＡＩの性能の飛躍的向上により、コンピューターで対応可能となってきていることも示している。

こうした議論に関連して、様々な研究機関が将来的な動向についての予測や分析を行っているが、とりわけ衝撃をもって迎えられたのは、カール・ベネディクト・フレイとマイケル・オズボーンが、二〇一三年九月に共著で発表した、論文「雇用の未来」で示した試算である。向こう一〇年から二〇年の間に、アメリカの雇用者の四七％が機械に代替される可能性は七〇％以上にのぼると発表したのだ。これは、アメリカの職業データベースに基づき、同国に存在する七〇二の職業について、機械への置き換わりやすさ、つまり自動化の可能性を算出したものである。技術革新によって、事務作業を担うスタッフや製造業従事者は機械化のリスクが高いとされ、それは、あたかも「あなた達の仕事は、近い将来無くなるのだ」という強烈なメッセージが含まれているように捉えられた。その後、彼らの試算に呼応する形で様々な見解がアウトプットされ、世界中で「雇用の未来」に関する研究ブームが発生した。日本においては、野村総合研究所がフレイ・オズボーンの力を借りた試算として、二〇一五年末に、日本の労働人口の四九％がＡＩやロボットに代替可能とするリリースを発表している。六〇一種の職業ごとに、コンピューター技術による代替確率を算出しており、特別な知識やスキルが求められない職業に加え、データの分析や秩序的・体系的操作が求められる職業については、ＡＩなどで代替できる可能性が高いとした。一方、芸術、歴史学・考古学、哲学・神学など抽象的な概念を整理し創出するための知識が要求される職業、他者との協調や、他者の理解、説得、ネゴシエーション、サービス志向性が求められる職業の代替は難しい傾向があるとしている。

しかし、その後、フレイ・オズボーンに対する有力な反論が発表されることとなる。二〇一六年六月にOECD（経済協力開発機構）が公開した調査結果によれば、ICTによって代替される自動化リスクの高い仕事（七〇％以上の確率で自動化される仕事）は、OECD加盟国全体で全体の九％に留まるというものだった（表1－1）。各国別では、イギリスで一〇％、アメリカで九％、日本では七％と示されているが、当該割合自体も過大推計である可能性があることを示唆している。フレイとオズボーンは、ある職業内のすべての従事者が同一のタスクを行っているとする仮定に基づいて過去のデータを分析する中で、職業全体が代替されると考えていたものの、OECDはそう捉えなかったところに違いが出た。当該研究では、PIAAC（国際成人力調査）の個人レベルのデータを用い、個々人のタスク構成に着目した分析を行った。実際に、これまでの間にコンピューターは人の仕事をどんどん奪っているが、それは作業でありタスクだとしている。人の仕事は様々なタスクの集合体で

表1-1　自動化リスクが高程度の職業の割合

国名	割合
オーストリア	12%
ドイツ	12%
スペイン	12%
スロバキア	11%
チェコ	10%
イタリア	10%
オランダ	10%
ノルウェー	10%
イギリス	10%
カナダ	9%
デンマーク	9%
フランス	9%
アメリカ	9%
アイルランド	8%
ベルギー	7%
フィンランド	7%
日本	7%
ポーランド	7%
スウェーデン	7%
エストニア	6%
韓国	6%

出典：Arntz, Melanie, Terry Gregory and Ulrich Zierahn, "The Risk of Automation for jobs in OECD Countries: A Comparative Analysis", OECD Social, Employment and Migration Working Papers, No. 189, 2016, を基に筆者作成。

表1-2　職業における仕事とタスク（作業）

職業：旅行会社従業員
仕事：旅行商品販売
（タスクの例）
・来店者に歓迎の挨拶をする
・笑顔でカウンター席へ迎え入れる
・自己紹介する
・顧客のニーズを把握する
・商品を提案する
・価格を伝え契約する
・旅行代金を収受する
・必要書類を手交する
・お礼を言い見送る
・旅行直前に必要な情報を連絡する
・旅行終了後に感想を聞く

構成されている（表1-2）。これからもタスク単位で代替されることはあっても、すべての仕事が一気に代替されるような事態が数十年単位で出てくる可能性はさほど高くないというわけだ。なお、調査を率いたヨーロッパ経済研究センターのメラニー・アーンツは、教育水準や所得水準が低い労働者の仕事の方が自動化リスクは高く、技術革新による失業よりも、潜在的な格差拡大や職業訓練に注意を向ける必要性を指摘している。

人にしか発揮できない能力とは

ＡＩは極めて複雑な作業をこなしているが、今の段階では、そう簡単に対応できない要素が二つあるといわれている。一つは、大局観をつかむ能力。もう一つは、共感する能力だ。

大局観は、棋士の羽生善治が自らの思考を語るときにキーワードとする言葉である。それは、盤上を俯瞰的に認識し中長期的な戦略を持った思考のことであり、「次にこのように指せばその後はこうなる」といった演算とは異なる。将棋に限らず、囲碁やチェスの世界においても、ＡＩはその演算能力を遺憾なく発揮することで強さを見せる。しかし、圧倒的な演算能力差が存在していても、大局観が存在することで、人はＡＩとの勝負において拮抗し善戦することさえ時にはある。それは人が、ＡＩが戦術とする「こうなればこうなる」という時間軸に沿った思考と同時に、「何となく、この先こんな感じの形になればこちらが有利だろう」という理想形を描いており、それに向かって時計の針を逆戻ししていることが所以とされる。それこそが大局観であり、数学の問題を見て、「解き方は知らないが答えはわかった」などというアインシュタインの逸話も、同じ考え方によってもたらされたものであると考えられる。ある種、不可解さを帯びた力は人間にしか存在しない。この大局観を再現するプログラムについても、目下開発されているようだが、現状では高い演算処理能力のみに依存する状況が続いている。

ＡＩのもう一つのウィークポイントが、共感する能力である。それは、他者がどのように考えたり、感じたりしているのか、相手の立場で物事を考えて最良の選択をする能力を指す。選択行動の源には、気持ちを重ね合わせることで周囲からの働きかけに応じたり、思わず止むにやまれない気持ちに陥ったりという状況が存在することが多い。このことに関連するエピソードとして、本書の共著者が、先ごろ回転寿司チェーン店を訪れて家族で食事をした時の話を披露したい。当日は週末の夜とあって、店内は相当な混雑だったという。慢性的な人手不足に起因しているのか、他の業務に要員配置を傾注しているのかは不明だが、店の入口付近にスタッフの姿はなかったという。入店の受付業務を担っていたのは、刺激的な調味料と同じ名称を持つ人型ロボットだった。彼の指南に従って入店までの順番待ちの受付を行うも、発行されたレシートに書かれた受付番号は、待てど暮らせど呼ばれることがない。それでいて、次から次へと新しい客が訪れるたびに、彼は抑揚の無い「会話」を添えてひたすら受付を促し続けている。共著者は、回転寿司が大好きな愛娘の喜ぶ姿見たさに、入口横の空きスペースで長時間待機していたものの、いつしかそれにも限界が訪れようとしていた。何時間も「平気」で待たせながら、棒読みで「通り一遍」の案内を繰り返すロボットＰくんに我慢ならなかったのだ。「こんなおもちゃに指図されてたまるか！」啖呵を切って退店しようとしたその時、ようやく番号が呼ばれた。その後は、席へ着くやいなや、次から次へと高価格の絵皿に手を伸ばす子どもたちを、微笑ましく見守りつつも苦笑いを浮かべながら、家族団欒の素敵なひと時を過ごせたという話だった。安田雪は、例に挙げた対話ロボットや会話機能をもつ家電製品の開発競争について著作で言及している[1]。ロボットや家電製品に加え、一般的に携帯電話とともに普及しているＳｉｒｉとの対話についても、最低限の音声認識技術と相対的な発展の程度は評価できても、実際にそれが「会話として快適である」あるいは「対話の相手に共感する」、さらには対話によって「感動をする」「癒される」「心が和む」には、ほど遠い状態にとどまっていると指摘する。先のエピソードでは、むしろ、共著者は怒りの感情へと至ってしまった。

　共感のアウトプットについて、今度は労働の現場で考えてみるにあたり、ＢｔｏＣ企業のコールセンターの例を挙げてみたい。お客様から電話がかかってきて、提供するサービスについてのクレームを言われる。そうすると、ＡＩは、それに対しての正しい対応の答えを導き出す。ところが、それをそのまま自動音声でコンピューターが回答すると、ほぼ間違いなく顧客は怒り出すだろう。クレーマーと呼ばれる人が最も嫌がり激しく一家言を展開するのは、自分の間違いを指摘されることである。そのため、正直にではなく上手な伝え方をして納得してもらわなければならないものの、ＡＩにはこれがなかなかできないというわけだ。

人とＡＩの協業

ここで興味深いデータを示したい。図１‐１は、二〇〇五年から二〇一〇年、そして二〇一〇年から二〇一六年までの間で、日本とアメリカの国際標準職業分類ごとの人数の増減割合を示している。二〇〇五年から一〇年の期間は、コンピューターが職場に入ってきて、だんだんと使われるようになってきた最初の段階だ。事務的であり簡単な業務が専門的な業務へとシフトしていくと言われていたが、実際そのような推移が見て取れる。また、日本よりもアメリカのほうがコンピューターの使い方が進んでいることから、事務補助員における減少割合のポイント数が高い点も理解できる。その一方、二〇一〇年から一六年においては、その前の期間に比べて専門職の人の割合が伸びている。ＡＩは、法律家や会計士といった士業の仕事を奪っていくなどと言われているが、そういうことはあまり反映していないような動きが見られる。そうしたなか注目したいのは、米国において管理職の人の割合が大きく伸びている点だ。ＡＩが発達すると、中間的な仕事が不要になりマネージャーの業務は要らなくなるとされていたが、その逆で管理職の仕事が増えてきていることがわかる。

この背景にあるロジックを、本節冒頭でも参照した山田久は次のように解説した。エリック・ブリ

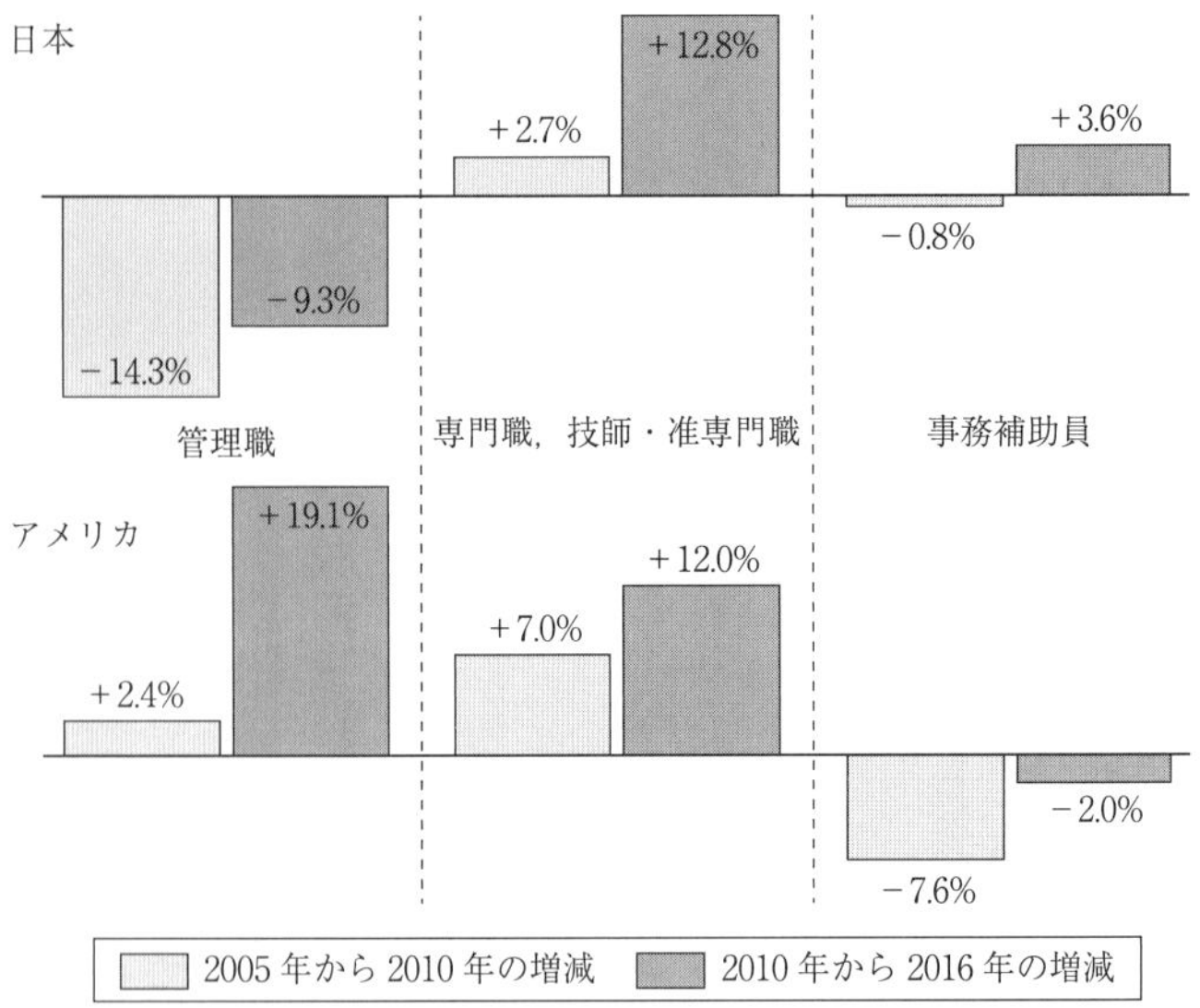

図1-1　国際標準職業分類別就業者数

出典：独立行政法人労働政策研究・研修機構『データブック国際労働比較2018』掲載データを基に筆者作成。

ニュルフソンについて先に触れたが、彼はその後、『プラットフォームの経済学』（日経BP、二〇一八年、原著二〇一七年）を上梓している。紙上において、コンピューターが進化すればするほど、調整や交渉、社会的認知能力といった、ソーシャルスキルが逆に必要になってくると示したのだ。その理由を、三点挙げている。

一つ目に、あらゆる事象における変化のスピードが速く、社会がますます複雑になっている中、過去のデータに基づいたとしても、答えが必ずしも導けるわけではないとする点である。産業のあり方の変化は激しく、第四次産業革命は過去の三度の産業革命とは根本的に異なる点で、従来存在するあらゆるボーダーを超越する必要がある。その点で、過去のことを知っている人が、必ずしも良い答えを出すわけではないことを留意せねばならない。このところ、コ・クリエーションあるいは共創という言葉を目にするようになって久しい。いまや、全く異なる産業の人たちと議論する中からモノやサービスが生まれることや、潜在的に答えを有しているお客様のことを慮ることを前提として成果物を生み出すことが一般的になった。そうした状況でこそ重要なのが、調整やすり合わせといった行為である。その観点から、マネージングの業務の必要性が高まるということが示唆されるわけだ。

二つ目に、ＡＩと人との仲介役たる役割の必要性を説いている。先に挙げた共著者の家族の話においてもそうだったように、ＡＩのアウトプットをすんなり受け入れ難いと考える人は少なくない。実際には優れた回答を出しているのかもしれないが、「わかりやすく」伝えて欲しいのだ。根拠があったとしても、人間の理解を超えた演算能力を背景とした数字やアルゴリズムで説明されても納得ができない。しかしながら、人間というのは納得しなければ動かない。そういう意味では、ＡＩと人との間に入って、説得力のあるストーリーやエピソードを作る必要があり、その点で人の能力が求められるとしている。

三つ目には、人間は互いに協力して働く、いわば社会的動物ということを根拠として示している。そういう意味では、ＡＩが機械的にやることに完全に任せてしまうわけではなく、本能的に人間同士が一緒になって働いていくということを選ぶ傾向があるということだ。「人間は社会的動物である」とはアリストテレスの言葉だが、社会の中で生まれ育ち、社会を維持しながら生きていくことこそが人の人たる所以であるから、人間の本質を現したものと言える。社会的存在つまりは、労働の成果を共有したり分配したり交換したりすることを通じて結束した集団の内側に個が存在する以上、最初から協働を排除する思想は基本的に持ち得ていないのだ。助け合うことを望むがゆえに、全体をうまくまとめる人が必要になるとまとめている。

これまで示した点から、結局、いくらＡＩが発達しようとも、人間の仕事がすべてなくなるわけではないと捉えられる。ＡＩが根こそぎ奪う職種はさほどなく、多くはＡＩとの協業によって、人の業務の進め方が変わるということを改めて認識する必要がある。そのことは、職場における人の優秀さの定義が変わるとも考えることができる。ロジカルに物事を考えて実行する人が優秀とされていたものの、ＡＩの方がずっとロジカルな思考をより短時間で完結してしまうし、人間がこれまで知らなかったようなロジックまで解析してしまっている。もちろん、ロジカルな部分が不要ということではないものの、それよりもお客様を含めた市場との対話から新しいものを生み出していくことこそ、人間にしかない強みである。働き方改革の一環で業務プロセスをゼロベースで見直し、定型業務は大胆に効率化することで、大局観や共感を発揮した「顧客共創業務」へとシフトしていくことが求められる。また、管理職の役割については、ディレクターというよりもオーガナイザーへと考え方を改める必要があるともいえるだろう。

2　デジタル変革に対して働き手はどう対応すべきか

技術革新への向き合い方の歴史

ここでは、働く者の立場、とりわけ労働組合はどう対応すべきかを検討したい。労働者として技術革新にどう対峙すべきかについては、歴史が語っている。一八世紀、イギリスで起こった第一次産業革命では、人間の労働力に代わって、工場内に蒸気機関による動力源が導入されることになった。そうした機械化によって自分たちの仕事が奪われるのではないかと恐れ、繊維業の労働者がラッダイト運動と称される機械破壊運動を起こした。その後、運動を取り締まる法律が制定されることによって鎮静化するとともに、機械化のおかげで、むしろ仕事はどんどん増える結果となったことは周知の事実だ。したがって、昨今のデジタル変革に対して、労働組合が先導してネオ・ラッダイト運動を起こして、ＩＴをつぶせばよいかというと、そう短絡的に考えるべきではない。今般のデジタル変革に伴って新しい雇用が生まれる可能性が想定されるとともに、先の節で述べたように、ＡＩが習得に苦労している、人が強みとする分野が現に存在している。それらを踏まえれば、うまくＡＩと付き合っていくスタンスを採ることが肝要だ。そして、経営側とある意味「協調」せねばならないのは、現場の意識を変えさせることだ。デジタル技術は世の中を大きく変えていくものだが、働く者の現場は変化を望まないし、自分達が否定されることを反対するため、むしろ嫌う。大企業の経営者は、デジタル変革の時代にこれまでのビジネスモデルが成立しなくなることを認識して、自分達が変わらなければ生き残れないという危機感を持っている。変化を肯定的に捉え、企業の持続可能性をともに追求可能とする労使関係の構築が望まれる。

スウェーデンの取り組み

第1節で述べた講演において、山田久は、スウェーデンの労使関係に注目した。IT技術といえばアメリカでの発展が目覚ましいものの、ストックホルムにおいても、IT関係のユニコーン企業[2]が相次いで誕生している。スカイプやスポティファイ、フィンテック関係[3]でも多く生まれている。そんなスウェーデンの労働者の賃金は、安定的に上昇を続けているという。格差が開いているかというと、ジニ係数の推移を見れば、従来と比較すると上昇しているものの極めてその値は小さいという。IT技術が発展すると、格差拡大する圧力が高まるとともに賃金が上がりづらい傾向になるものの、必ずしもそういうことが起こっていない。その背景には、労働組合が生産性向上に協力的で、成長産業に人を移動させる仕組みが存在するためとしている。後ろ向きともいえる日本と比べて、スウェーデンの労働組合は、労働移動に対して非常に前向きに考えた行動を採る。

スウェーデンは、戦後、基本的には中道左派が政権を担ってきた。この背後には、ブルーカラーの極めて強い労働組合が支えてきた歴史がある。山田は、彼らにおいては、雇用の流動化について前向きな考え方を持っている一方、賃上げに関しては極めて戦闘的だったと評する。その結果、スタグフレーションが発生した。一九七〇年代から八〇年代の間、世界の多くの国がこの問題に悩んでおり、スウェーデンも例外ではなかった。そこで、政府は所得政策として賃金を抑えようとする中、労使間での合意を経て、実質的に賃金を抑えていく方向へと変わっていったのだ。その際、国際競争力の維持を制約条件としながら、基本的には物価上昇率プラス生産性の向上に応じた賃金体系を採ろうとする合理的な考え方を構築した。生産性基準原理とされる、生産性と賃金を連動させようとする考え方である。日本の労働組合は過去の物価にこだわるが、スウェーデンではそうではなく、先ほどの考え方に中期的な目標インフレ率を加えた。経営側と、生産性向上プラス目標インフレ率で交渉した。賃金が上がらないことは、経営サイドにとって一見ポジティブに取ることができるのだが、長期的に見ると必ずしもそうではない。賃金が伸びなければ、働く者たちのモチベーションを保つことができない。賃金を適正な形で上げていくことで、絶えず労働者がモチベーションを持ち、新しいことに挑戦し、事業の構造を変えていくことによって企業が発展していく。

山田は、労働組合として、賃金の上昇を要求するだけでは不十分で、生産性向上に対しての協力姿勢が必要と示す。フランスもスウェーデン同様、賃金上昇率は高いものの、失業率が高い状態だ。この差が、雇用調整に対する考え方の違いによるものだとした。労働移動に対して全否定するのがフランスである。生産性向上を労働強化とみなしてしまう。賃上げ圧力が強く労働分配率が高止まる中、産業構造転換が進まず、硬直的な労使関係により失業率が高止まると指摘している。一方、スウェーデンにおける労使関係と労働移動円滑化の仕組みには示唆がある。「救うのは企業や事業ではなく個人である」との考え方を基本に、労働組合は、手厚い職業訓練や再就職の仕組みを政労使で整備することを条件に、不採算事業の整理に伴う人員整理を受け入れている。

ドイツの取り組み

世界を見渡せばスウェーデンが最も機能していると捉えられるが、労使関係で参考にすべき国を大国から探すとなると、ドイツが挙げられる。第四次産業革命、インダストリー四・〇はドイツで言われはじめたが、これの労働版とされるのがアルバイテン四・〇であり、この内容が示唆的であることを山田は示す。

様々な政策提案がなされているが、二点触れておきたい。まず一つ目には「就業可能能力」についての言及だ。ＡＩが人からどんどんタスクを取っていく中で、ヒューマンスキルやヒューマンインストラクターとされるお客様との関係へと人が移っていく際において、新しいスキルが必要になる。労働者には、職業生活の変化に適用する際の積極的な支援が与えられる必要があり、長期的なスキル開発と継続的な職業訓練に対する包括的な戦略が求められている。この戦略の立案のため、国、自治体、労使などを巻き込んだ「継続職業訓練についての国民会議」の設置が必要としている。とはいえ、効率的にスキルを習得していくための社会の仕組みが十分ではないとして、「就労保険」という形で能力育成のためのサポートをすることで、社会保障や雇用保険のあり方を変えていかねばならないとする発想も込められている。

そして二つ目は「労働時間」についてである。経営側が強要するのではなく、働く側が自主的に決定していく、「柔軟かつ自己決定」を実現する仕組みの必要性を謳っている。日本において、過労死を含めた労働災害に関する報道が、二〇一八年に社会を賑わせたが、労働組合が本来の機能を果たせていれば政府の取り組みは必要がなかった。国が意図する方向性なのか否かは承知しないが、現状の「働き方改革」は、労働時間を短縮すること自体が目的化しているに過ぎない。小手先のＰＣ操作技術向上策を伝授したり、「模範」となる仕事の進め方をしている社員の仕事の仕方を共有したりが関の山であり、真の改革とは程遠い。その上、時間短縮ばかりに執心すると、人材育成策やチームワーク維持に問題が発生しかねない。これには、労使が徹底的に議論を重ね、何のために総実労働時間を短縮せねばならないのか、そのためにはどういうことをするのが最もよいかを議論することが重要だ。そういう議論が、ドイツではされているわけである。労働者を働きすぎから守り、仕事と生活の境を明確にするため、そして、企業の柔軟性の要求と労働者の自己決定の希望を両立するため、集団的な労使間の協定締結が最も優れた手法だとし、労使自治を強めていくことの必要性を示している。

重要なのは、ライフ・ロング・ラーニングである。学校で学んだ後に社会へ出て働き、定年を迎えると引退して余生を過ごすという、これまでの人生の流れは一般的ではなくなる。社会に出てからも常に学び続け、新しい技術をどんどん身につける人生が普通になっていく。こうした変化が必然とされる中、労働組合が万全にサポートすることがデジタル変革の時代に求められる役割と言える。山田は、デジタルの時代になればなるほど、労働組合の役割は重要になっているとしている。

注

（1）安田雪「〝ＡＩ会話〟技術の確率に向けた、共感関係の要素と関係シナリオ」二〇一八年度人工知能学会全国大会論文集。
（2）ユニコーン企業とは、評価額が10億米ドル以上の未上場スタートアップ企業。
（3）フィンテックとは、金融（Finance）と技術（Technology）を組み合わせた造語。ＩＣＴを駆使した新しい金融サービス。

参考文献

岩本晃一「人工知能ＡＩ等と『雇用の未来』『働き方・人材育成』」経済産業研究所、二〇一八年。

株式会社野村総合研究所、Ｎｅｗｓ Ｒｅｌｅａｓｅ、二〇一五年一二月二日。

神田達哉「観光産業における労使・課題」『日本労働研究雑誌』第七〇八号、独立行政法人労働政策研究・研修機構、二〇一九年六月。

厚生労働省第三回労働政策審議会労働政策基本部会資料「技術革新が労働に与える影響について（先行研究）」二〇一七年一二月五日。

「デジタル変革と雇用システム」『ＳＱＵＡＲＥ』第一九四号、一般社団法人サービス連合情報総研、二〇一八年。

ＲＢＢ ＴＯＤＡＹ「『発想』はどこからやってくるのか……羽生善治の『大局観』とＡＩによる『演算処理』」（https://www.rbbtoday.com/article/2018/04/14/159783.html）二〇一八年四月一四日。

第2章

AIやRPAを活用すべきタスクとは

神田達哉

本章では、前章を踏まえ、ツーリズムにおいて「顧客共創業務」として傾注せねばならないタスクと、デジタル技術に頼るべきオペレーション・タスクとを分類してみたい。ここでは、旅行会社のBtoC領域における店頭事業のタスクについて、バリューチェーンを参考に捉える。AIの高度化やRPAの登場といったデジタル変革を、バリューチェーンの「川上」でこそ活用されたい。そして、「川下」では「人」の能力発揮を期待する。それは、人手不足や「働き方改革」に起因する業務効率化といった、社会課題に対しての答えともなり得る。経営資源は無限ではない。「人」の能力を活用し続けるにおいては、個社にこだわった経営から脱却することを検討せねばならない。企業の協働についても触れたい。

1　旅行会社におけるバリューチェーン

「川上」のタスク

総合旅行業と称される、主に日本の大手旅行会社が取ってきたビジネスモデルにおけるバリューチェーンは、「川上」から「川下」のタスクまでを、概ね次のように整理できる。まず、サプライヤーたる宿泊施設や交通機関から、旅行商品として販売する素材を仕入れるところから始まる。次に、素材を組み合わせる（企画する）ことで商品化する。そして、顧客への提案を通じて販売する。成約の暁には、手配・予約といったオペレーションを経て、ガイディングや添乗あるいは見送りや出迎えといった、いわゆる「斡旋」と称される業務で基本的に完結する。

「仕入」や「企画」のステージでは、顧客との直接的な接点は存在しない。市場ニーズに合わせたマーケットイン戦術を選択するにせよ、サプライヤーや販売側の意向によるプロダクトアウト戦術を取ろうとも、商品化にあたっては事業パートナーとの協業がベースとなる。「仕入」のタスクにおいては、個社が競合他社に対する競争優位を発揮することは困難になりつつある。OTAの参入以前は、それまでの実績を基にした関係性を頼りに、それぞれ他の旅行会社にはない優遇策が方々で提供されていた。卸料金のダウンや、旅行会社へ提供する宿泊客室や航空座席の潤沢な在庫数提供、さらには宿泊人数や団体数に応じた手数料の付加などである。しかしながら、負担を強いられる商習慣に対する懸念を表明するサプライヤーが現れ、豊富な在庫を売り切ることなく返却する旅行会社に失望し、手数料拠出競争から撤退するサプライヤーも出たりするなど、そうした策はトーンダウンするに至る。そして、サプライヤーは消費当日分も含めた間際需要を補足してくれるOTAとの関係性を強める一方、市場での最低販売価格保証と謳って、Ｗｅｂを通じた直接販売に力を入れる宿泊施設が登場するまでになっている。そのような状況のため、「企画」はコモディティー化が進む。素材を自社ですべて賄うことのできる旅行会社はなく、付加価値の差のみが競争優位に直結している状況だ。とはいえ、市場に流通していない未発掘の素材を商品化しても、マーケットに情報が浸透したり他社が模倣したりすることで、差別化は急速にしぼむ。また、無料特典や追加申し込み時の割引サービスを提供したところで、結局中止するタイミングを逸してダラダラと継続せざるを得ない状況に追い込まれるのが現状である。とはいえ、仕入価格や在庫確保数を少しでも優位にするためには、サプライヤーとの関係強化が必要だ。それは、クレーム処理レベルに留まる関係性ではなく、当該サプライヤーが持つ顧客以外のお客様との接点を持つ旅行会社ならではの、情報提供やコンサルティングといった領域での情報提供を試みることが肝要である。十数年ほど前までに行われていた仕入先への高圧的な態勢に基づく商流とは正反対の見地に立った、お客様から共に選んでいただける真の事業パートナーたる、「双方向の貢献要素」が必要だ。

「川下」のタスク

「提案・販売」段階からは、直接的な顧客接点が伴う。「仕入」「企画」はどのような企業であっても参入しやすいものの、直接的なサービスの提案や販売においては、人的サービスの質が優位性の確保に繋がりやすい。しかしながら、リテール事業を展開する店頭の現場はもちろん、いまや法人事業の領域においても、いわゆる情報の非対称性は崩壊している。値ごろ感を含め、消費者の情報に対する感度は高い。そうした状況下で選ばれ続けるためには、本質的サービスで不満解消に努めて、表層サービスで顧客満足の向上に寄与しなければならない。つまり、顧客それぞれのニーズに合わせて企画提案を最低限に行いながら、期待や要望を超える提案や演出が求められる。旅行会社各社の店頭において、いわゆる御用聞き営業を超えないような運営に留まっていては、すぐに行き詰まってしまい、市場からの撤退を余儀なくされる。今では、人事異動で「川上」「川下」の双方の部門を担わせたり、両部門の担当者が共に出席する会議を定期的に開催するなどして、お客様の声を「仕入」「企画」へフィードバックすることで商品改良に努めたり、お客様の「課題」を深く探ることで最適の商品を提案したりしている。後者で言えば、例えば、テーマパークの訪問を検討し相談に訪れたファミリーの顧客に、沖縄のリゾートを提案するようなことは珍しい話ではなくなっている。旅行すること自体が目的だった時代は、行きたい方面から選ぶことが多く、店頭に並ぶパンフレットは方面別の構成がほぼすべてだった。しかし、旅行は特定の目的を達成するための手段となった今では、高原リゾート、海の幸など「縦割り」から「横串」の商品体系へと変遷するに至っている。これは、商品を作る側と販売する側、いわば「製販一体」が奏功した結果ともいえるだろう。

最後のフェーズが「添乗・斡旋」となるが、ここで提供するサービスの多くはほぼ定型化されていない。基本となる型は存在するが、サービスの内容や結果が定まっていない「プロフェッショナル型」サービスといえる。一般的なサービスは、分業や協業によって組織的な事業として提供可能と捉えられるが、高度な知識と経験を必要とするがゆえに属人的なサービスと位置づけられる。顧客より優位にあるわけでもなく、かといって顧客に跪くわけでもない、独立した存在として対等な関係を築いた先に存在する。そのため、「販売」の場面には存在しなかった、「情報の非対称性」が唯一存在するステージとも捉えられる。

2　人を投下すべきタスクとは——店頭事業を検討する

「川下」こそ「人」が能力を発揮する領域

これまでの文脈も踏まえて検討してみると、過去の販売状況や同業他社の動向、事業パートナーとの交渉記録、さらには消費性向などのデータを用いることで、ＡＩがパッケージツアーの「適正」な旅行代金を導き出し、商品を企画することはできるだろう。そして、ＲＰＡ[1]を活用することによって、標準化された「仕入」「企画」部門の事務作業を効率よく正確に進めることが可能だと考えられる。ただし、顧客のニーズに寄り添い、期待を上回る商品を選定した上で提案し、販売することは人にしかできない。また、添乗については、添乗員が同行する企画商品は近年減少傾向にあるが、その役割は絶対に人でしかなし得ない。つまり、バリューチェーンの上流におけるタスクについては、「人」が担っていた業務を可能な限りデジタル技術に代替し、「川下」に人材を傾注する要員配置こそが企業に求められる。

しかしながら、人の力を発揮すべき店舗のあり方について、旅行会社各社からは、マーケットの縮小を理由にした撤退策以外にポジティブな戦術が見られない。店舗ネットワークの最適化を謳う事業計画に基づくものや、安定的な黒字化の実現が困難とする判断に則るもの、加えて入居するショッピングモール自体の閉鎖による外部要因によるものなど、その理由は様々だ。とはいえ、旅行会社側も無策ではない。お店のコンセプトや装飾に工夫を施すことで訪問者のワクワク感の醸成を図ったり、VR（仮想現実）やAR（拡張現実）コンテンツの体験などを通じた目新しさをアピールしたりするなど、誘客策は各社相応に対応している。ただ、捉えようによっては、単にオープンイノベーションをアピールしたいがための独りよがりともいえる施策に終始しているとも考えられる。ほかに何らかの施策を展開しているかもしれないが、「世の中に望まれていない取り組み」と判断され、報道や情報拡散がなされていない。

「人」に光を当てるということ

状況の改善には、ハード面よりも、人に光を当てた施策が必要だ。全国展開する企業において、統一的なサービス提供を売りにするのではなく、「遠心力」をフルに働かせて、企業の枠にとらわれずその個店ならではの価値を標榜するのは一考に値する。店頭販売員の個性や得意分野を、前面に押し出すような策をとることにも、検討の余地はある。同じブランドを掲げているからといって没個性であるよりも、自身の好きな分野や独自体験を前面に出した接客が、もっと存在していてもよいはずだ。就活生に旅行会社が人気だった時代は、いまや昔の話。楽しそうなイメージのある旅行を仕事にできれば、さらに楽しいだろうという「雰囲気」が先行していた所以だったと思う。ただ、そのせっかく楽しそうなイメージのある旅行を実際に販売するにあたって、店頭販売員に組織の駒を演じさせるような風潮が存在するのであれば、変えるべきだろう。もちろん、ただ好きだからという思い入れだけで突っ走るのではなく、言語化して周囲を巻き込みながら詰めていければ、「アート思考(2)」に基づく事業運営は悪いものではないはずだ。消費者ニーズに多様性が見られる昨今ではあるが、ニーズを一定程度理解しながらも、先に述べたような「プロフェッショナル型」の属人的な提案を価値としてブランディングしてみるのも一案だ。対話を重ねて得意分野をお勧めすることを通じた企業価値向上は、デジタル分野や異業種を意識する前にすぐにでもできる「イノベーション」と捉えられる。それに、そのようにさせてくれる企業に対する従業員のロイヤルティも向上させるという副次的な要素も伴う。足りないところを補うよりも、さらなる伸び代を期待できるところへ視点を移したい。

しかしながら現状は、男性は世代を問わず、また性別を問わず四〇代以下の消費者を中心に、旅行会社へ足を運ぶ人は少ない。サービス連合情報総研が二〇一九年二月に行ったインターネットアンケート調査において、千人超の消費者へ尋ねたところ、旅行会社の店舗の「消費者ニーズ」は三割に満たないことがわかった。調査結果を確認すると、店舗は旅行商品を購入・契約する場であって、旅行相談をする場という認識が総じて乏しい。ひとたび店へ赴けば、店の前に並んだパンフレットに掲載しているパッケージツアーから旅行会社にとって都合のよい企画を「買わされる」だけで、自らの希望に沿ったプランニングなど不可能だと思われている。そのため、「オーダーメイド」型ともいえる自由旅行を申し込むことができたり、傷害保険や外貨両替、Ｗｉ-Ｆｉルーターといった旅行の周辺需要もワンストップで発注できたりすることを伝えられると、ほぼ例外なく驚きをもって迎えられる。さらに、家族や友人と訪ねる機会がなかった人たちにとっては、狭いカウンターを挟んで販売員と対峙する光景自体が、さも申し込みを「脅迫」される空間のごとく捉えられている。「携帯ショップ」の空間と類似しているようで、扱う商品がモノとコト、消費する場がハレとケと、類似性が存在するどころか、あらゆる観点で正反対な空間は圧倒的に敬遠されている。

調査から、気軽に相談できる店づくりへの抜本的な転換こそが、「消費者ニーズ」への対応策だとわかった。とはいえ、「顧客に寄り添える関係」に依存した運営は、今の旅行会社の経営では「数字上」不可能だ。店舗で扱う商品をこれまで以上に会社間で共有化したり、ブランドを統合したりするなどして、業界全体としてマーケットに正対する協調や協働の考え方が必要に思われる。業界内各社での「シェアリング」は、金融・物流・小売は当たり前のように行われている。ネット時代に「あえて対面」の機能を本気で残し続けるのなら、個社でのネットワーク維持にこだわらない処方箋をそろそろ出さなければ危うい。

3　《ケース》レベニューマネジメントの取り組み

属人的なノウハウや経験者の勘に依存しつつ、仕入先の事業パートナーとの関係性や「キャンペーン」と称した特定エリアへの集中送客策の有無等によって設定された旅行代金の妥当性について、実効性を伴う客観的な検証に取り組んでいる旅行会社は圧倒的に少ない。それならば、個社が蓄積する顧客情報や需要予測などを元にしたビッグデータをＡＩに学習させることで「適切」な宿泊代金を導く、レベニューマネジメントの知見をツーリズムに移築してみてはどうだろうか。不動産業、航空業よりもその取り組みが進んでいるとされる宿泊業のシステムについて、現状の課題を調査研究する第一人者にサービス連合情報総研が聞いた。短期的な成果を求めることは困難かもしれないが、活用に当たって示唆に富んだ考えを披露してくださった。（取材日：二〇一九年六月二四日）

〈取材対象者プロフィール〉
伊藤泰斗《いとうたいと》さん

一橋大学商学部から三井住友銀行、日本総合研究所を経て、デロイトグループのコンサルティング会社に入社。コンシューマービジネスの経営戦略担当として、主にホテルやスーパーマーケットなどの経営戦略策定、業務改善、評価業務に従事。その後、ホテルの運営会社を創業。主としてホテル、旅館等のターンアラウンドを主眼においた運営受託業務を手掛ける。自身もアセットマネージャー責任者としてデザイナーズリゾート旅館や地方のグランドホテル、アーバンリゾートホテルの現場に身を置き、特に集客に注力した経営改善を実施。関与したホテル・旅館は四〇軒以上に及ぶ。会社売却後、デロイトトーマツＦＡＳ株式会社において、ホテル業界に対してアセットマネジメント業務を提供。二〇一三年期末に退職し、二〇一五年九月に宿泊施設の政官広報・業界内広報・一般国民広報を担務する財団法人宿泊施設活性化機構を創設。現在、同法人事務局長。

レベニューマネジメントとは

――モノやサービスの価格を、需給バランスや在庫状況で変動させるダイナミックプライシングの考え方が、社会に受け入れられつつあります。

「公共交通機関の料金に適用されることで消費者はそのことに慣れ始め、受け入れる土壌が出来つつあると考えます。靴の販売現場では、これまでサイズによって価格が異なることが許されなかったものの、在庫状況でサイズ別の販売価格を設定したり、極端に小さいサイズの商品が市場に十分揃っていないから高価格にしたりするという取り組みも出始めました。そうした、高く売れるときに安く売るのは止めようというのが、レベニューマネジメントの一つの考え方です」

――需要に応じた価格設定以外に、宿泊業界ではどのようなレベニューマネジメントがありますか。

「ノンリファンダブル（返金不可）制限を掛けることもレベニューマネジメントに含まれます。繁閑ともに同じ料金を設定したとしても、需要の高いときには一〇〇%ギャランティを含ませる、つまりクレジットカードで保証をかけることもそうです」

「とはいえ、日本のホテルでその取り組みはあまり見られません。事前カード決済にすると、キャンセルの申し出への対応が大変だと考えられていますので。取り消し理由に関わるお客様の『演説』に付き合うならば、そのやり取りに伴う作業自体を発生させない方が得策と考えてしまうわけです。だから、『しょうがないか』と諦めてしまいます。日本人は優しいですから」

「私自身、宿泊施設を運営していたとき、実験的にキャンセル料収受について厳格な対応を試みたことがあります。規模やブランドに左右される点はあるでしょうが、全く問題になりませんでした」

――契約条件を基に、毅然とドライな対応を図るBtoCの業種が増えつつありませんか。

「変わってきていると思います。ただ、『最後の砦がホテル』といったイメージがあるような気がします。甘く見られているわけです。とはいえ、業界全体で『底上げ』を図ったところで、そこを出し抜けば予約客が増えると思って、『当館はキャンセル料ゼロでOKです』とするホテルが、きっと出てくるのではないかと思います」

――他に、連泊での予約に限って受け付ける制限を掛けることも、レベニューマネジメントと言われます。

「はい。連泊でしか予約を取れなくすることによって、人気のある日の前後を埋めるというのも、立派なレベニューマネジメントです。先日、大手高級リゾートホテルの予約を試みると、年末年始に限っては最低八泊が必要とのことでした。料金は、一泊につき三〇万円で、八泊ですと二四〇万円。その金額が最低ラインとなると、一般にはなかなかつらいものがあります」

「別の観点からもう一つ申し上げると、客室清掃の人員が不足することがないように、『この日のチェックアウトは何人まで』という制限の掛け方も、またレベニューマネジメントの技術の一つでもあります」

――これまでのお話しを踏まえると、航空会社等の取り組みと比べて、圧倒的に複雑な仕組みだと捉えられます。

「航空会社は、ノンリファンダブルをジョイントした『早割』と人数の制限に留まりますが、ホテルは繁閑によってそれを全部変えています。さらに、『プラン』が付随します。以前、責任者を担っていたホテルには七〇〇〇ものプランがありました。食事がセットになっているもの、記念品のプレゼントが含まれた企画、眺望指定や高層階を確約する客室の保証など実に様々です。そのことが、仕組みをずっと複雑にさせています」

「したがって、レベニューマネジメントというもの自体、相当範囲が広くて、さらに制約的であると言えます。混雑している日であれば、夕食に朝食、マッサージや売店の金券も込みにして高価格で販売したくても、レストランの収容数やオペレーション人員の限界を考慮する必要が出てくる。そういう複雑さが特有で、ある意味面白いところでもあります」

レベニューマネジメントの課題①費用対効果

――実際、システムを導入することで費用対効果はあるのでしょうか。

「AIを活用したレベニューマネジメントとして、導入に伴う収益性向上の蓋然性が高いように捉えられるものの、実際のところその効果は明確ではありません。同一のチェーンで、似たような立地やシーズナリティで同時期に建った二つのホテルの話をします。ある年の上半期に、Aホテルでは徹底的にレベニューマネジメントをして、Bホテルでは一切行わず完全同一価格で販売しました。そして、下半期には相互に入れ替えました。すると、年間を通じた利益は、両ホテルともほとんど変わらなかったのです」

「アメリカの航空業界は再編を重ねていますが、レベニューマネジメントを強固に進めた企業は、すべて『チャプターイレブン』、つまり倒産しています。そんな中、同じ路線は同じ価格だとして販売していたサウスウエスト航空は、結果的に生き残っているのです。これをどう解釈すればいいかは、私自身まだ測りかねています。結論も定まっていませんが、重大な示唆であることは間違いないと考えています」

――効果に疑義があるとはいえ、システム開発企業の取り組み自体は注目を浴びています。

「メディアへの露出が盛んなX社ですと、月間三〇万円必要となります。それ以前に、設定のために数百万円かかります。ただし、設定後は、マシンラーニングと言われる機械学習のために一年間の情報取得期間が必要です。数百万円の設定費用に加え、何も効果がない状況で年間三六〇万円が必要となるわけです。大規模ホテルならば、何とかカバーできるのかもしれません。ただ、常識的に考えれば無理筋です」

「華々しくシステムを導入したことを発表したものの、その後の話が全く伝わってこないホテルさんが少なくないため、当財団ではその原因究明に努めました。その結果、サンプル数不足と、利用しているＡＩそのものの性能が低いという事実に拠るところが大きいのではないかと推定するに至りました。一般的な宿泊施設は概ね二〇〇～三〇〇室ほどです。ｎ数の話で言えば、その対象数でレベニューマネジメントを取り入れて、受注ロストの分析をきちんとできていない中で進めても、効果は薄いのではないでしょうか。また、システム提供側が、何のＡＩを使用しているかを明確にしていないケースが散見されます。ＡＩの種類ですら公開できないシステムに、どれほどの実効性を求められるかは疑問に感じざるを得ません。レベルの低いものですと、稼働率一〇〇％にならない限り、直前にむけて料金を単に下げていくだけというものだってあります。そんなことでは、過去に予約した人が次々と新しい料金の予約へと乗り換えて、トータルレベニューは漸減してしまいます」

――宿泊部門以外への導入はなされているのでしょうか。

「なかなか進んでおらず、成功しているところはほとんど把握していません。ある方から『宴会のレベニューマネジメントをやってよ。だって、日本のホテルは、多くが宿泊のシェアは二五％で、宴会・料飲のシェアが七五％でしょ』と言われました。現在はあまり導入されていませんが、宴会・料飲分野のシェアが大きいホテルでは、その分野での導入を進めた方がよいところもあると思います」

レベニューマネジメントの課題②ビジネスモデルとの関係性

――導入後、うまくワーク自体はしているとお考えですか。

「あまりうまく機能していないと認識しています。『アイデアス』というシステムが一〇年ほど前にありましたが、海外では活躍していたものの日本ではほぼ絶滅しました。正しい統計と正しい情報に基づいてシステムを動かさない限り、ＡＩは本来の機能を果たせず、結局人間の方が優秀だと捉えられてしまったからです」

「システムを稼働するには、近隣競合ホテルがすべて正しい業務執行をしているという前提で動かす必要がありますが、そんなことはないわけでして（笑）。例えば、『来週の火曜日、隣のホテルは在庫が出ていない。満室か？　需要が高いのかな？　ウチはこんなに余っているのに。よし、ヤバいから値段を落とそう』という具合にシステムが料金を下げるわけです。しかし実際のところ、隣のホテルは、担当者が在庫をただ出し忘れていただけだった……。実は、このような笑い話のようなことが往々にして存在します。だから、そもそも論としては、周辺を見ることに意味がないのです。どこかのプラットフォーマーなりが、すべての情報を一元化すれば別の話にはなりますが」

――省人化には貢献しませんか。

「はい、人が判断できる礎となるような一元管理されたシステムとなれば、大いに役立つものと考えます。日ごとの稼働率の進捗を示す『ブッキングカーブ』の自動生成がなされれば、特にそう思います。ところが、ＰＭＳと呼ばれる管理システムがそれに付いていっていない課題があります。業界標準ともされるシステムでもそのような状況です。例えば、全部で一〇室のホテル。五部屋がシングル六〇〇〇円、残り五部屋がツイン一万円で販売しているとします。平日は、当然シングルのニーズが高まります。すると、空けるくらいならシングル六〇〇〇円で一〇室売ろうとなるわけです。ところが、宿泊当日以降は、ルームタイプと料金しか記録に残らない仕組みなのです。そのため、割引して販売したのか、シングルルームがオーバーブッキングの結果売ったのかがわからない。こうなると、総需要がわからず、レベニューマネジメント自体ができません」

「PMSの刷新も急務だと言えますが、日本のホテルは一万軒で、そのうちPMSを入れているのが約五〇〇〇軒。企業数で、三六社ほどがひしめき合う状態です。つまり、マーケットとして極めて小さいです。そのため、経済原則上、それを新規に開発して単体で販売しようというところが出てこない。そうするとどうなるかというと、PMS大手にしても四〇年前や二〇年前のシステムを使い続けているのです。こういったところにも問題があり、不完全と言わざるを得ない事情があります。だから、レベニューマネジメントの何らかのシステムを勧める人は、みんなこう言うと思います。『まあ、これでいいんじゃないですか』と。『で』という表現しかないのです」

レベニューマネジメントの今後

――レベニューマネジメントに頼らない考え方はありますか。

「頼るか否かの以前に、ホテルは販売機能を向上させねばなりません。そもそも、単価という概念がもともと存在していません。この二つの観点を疎かにする限り、業績の伸び悩みは恒常化すると考えます。一方で、外資系ホテルでは単価を重視しています。稼働率は意識していません。セールスとマーケティングの機能を徹底的にあるべき姿へと高めて、賃金制度にはノルマ制に加えて歩合を取り入れているから業績は伸びます」

「ただ、日本の場合、過去の歴史がそうさせていたので、実現できていないことは仕方がありません。昔は、唯一の販路とも言える、大手旅行会社が宿泊料金を『決定』していました。土曜日の宿泊は平日にプラス三〇〇〇円、特日はプラス五〇〇〇円といった体系しかありませんでした。ホテル側が自身の思いを基に多少の調整を『要請』したところで、それが叶うことはなく一蹴されていたのです。そんな旅行会社は、さらに、販売促進のための外観や料理の写真を撮ってくれて、部屋のネーミングもしてくれて、新館を建てるときには設計までもしてくれる。それに、ホテルの名前まで付けてくれて、融資してくれ、アメニティから布団まで全部入れてくれていた。料金含め、ホテルにとっては一種のアンコントローラブルな世界が展開していました。唯一コントローラブルなものが『稼働』だったので、今でもホテルを評価する指標が稼働率しか存在しないのはそういうわけが背景にあります」

――そうした商習慣が崩れた今こそ、宿泊施設にとって必要なシステムとも言えます。

「何もしないよりは、多少なりとも導入したほうが上がってくることは確かです。大体五～二五％のレンジで利益に貢献すると捉えています。ただ、完全な自動化、すなわち、必要な情報を完全に網羅してレベニューマネジメントに教え込めることのできる状況に至るのでしょうか。現行の取り組みの延長上で、正しい現況把握をレベニューマネジメントＡＩにさせることができるかと問われるならば、恐らくそれはノーです」

「グローバルに展開している某ホテルチェーンでは、日本のホテルも含め、センターを設けている中国でレベニューマネジメントをしています。恐らく今でも続けていると思いますが、当初は悲惨でしたし、いまだに悲惨なことになっていると思います。というのも、当該チェーンが買収してブランドを変える以前のホテルについて、このタイプの部屋、このシーズンだったら、私ならこの値段で買っていたのにというのが、相当価格を下げていました。以前の料金を知らないのでしょう。そんなことだから、イベントや季節波動すら正しく把握できていないのだろうなと思います。いくら近隣の催事を収集するサイトだったとしても、お台場の○△小学校では系列の教員が全国から集まる会合があって、その準備は今日の一五時からという情報までは把握していません」

注

（1）ＲＰＡ（Robotic Process Automation）とは、ソフトウェア型のロボットによってホワイトカラーの単純な間接業務を自動化するテクノロジー。

（2）アート思考とは、課題から出発せず、「自分は何をしたいのか」といった不確実性から発して、「今までなかったユニークな価値を創造する」ための思考法。

参考文献

一般社団法人サービス連合情報総研「個性を生かしたブランディング」(二〇一八年三月二六日ブログ記事、https://www.joho-soken.or.jp/posts/5950366)、「ネット時代におけるリアル店舗の存在意義」(二〇一八年三月六日ブログ記事、https://www.joho-soken.or.jp/posts/5838791)。

第3章

ツーリズムに求められる人材像

島川　崇

1　「相互信頼関係」「一体関係」の構築へ

本章では、ツーリズムに求められる人材像を明らかにしていく。ツーリズム産業は、人の「感情」の交換で成り立つ分野であることは論を俟たない。それにもかかわらず、世間ではＡＩに人が取って代わられるという議論だけが先行し、それによって業界全体が自信喪失し自己のビジネスモデルの否定に走っているといっても過言ではない。もちろん、旧態依然とした商慣習は修正していくことは当然だが、だからといってすべてを自己否定していくのはやり過ぎである。ここで、まず第1節で、顧客との関係性を改めて見直すことにより、ＩＣＴやＡＩに取って代わられることのないタスクとはいかなるものなのかを明らかにする。その上で、第2節において、そのような人材育成が行われていない現状で、どこに問題があるのか、既存の高等教育と産業界の問題点を洗い出し、改善の方策を探るものとする。

仕事の機会を奪うのはＡＩではない

二〇一五年に野村総合研究所が発表したレポートにおいて、四九％の仕事があと一五年以内になくなるとの衝撃的な発表がなされた。これによって、ＡＩが多くの仕事を奪っていくのではないか、自分の働き口は将来なくなってしまうのではないかと多くの人が不安に陥った。しかし、以前も同様の議論が起こったことがある。ちょうどＰＣが普及し、ウィンドウズ3.1、そしてウィンドウズ95と、ＰＣ初心者でプログラミング等の知識がなくても駆使できる機材が世に出てくるようになったとき、同じことが言われた。ＰＣに仕事が取って代わられるのではないかと言われたことを思い出す。結局はＰＣが普及し業務の効率化は行われたが、それはアナログで行っていたタスクを減らしただけであって、仕事を片っ端から奪っていくものとはならなかった。ＡＩも極言すれば計算機である。ＡＩを利用して、ビッグデータや顔認証システムといった今までは使えなかったデータやシステムをいかに業務に取り込み、効率化を図るかという文脈で、ＡＩをマネジメントしていく必要がある。結局、仕事の機会を奪うのはＡＩではなく、ＡＩの台頭におびえたリーダーの誤った決断こそが労働者の仕事の機会を奪っていくのではないだろうか。

ＣＲＭとＬＴＶ

ＣＲＭ（Customer Relationship Management）は、顧客情報管理、顧客関係管理とも訳されるが、要するに、顧客一人ひとりに対応するマーケティングのことである。ワン・トゥー・ワン・マーケティングともいわれ、ビッグデータを利用することにより、個人の顧客に最適化されたプロモーションや流通を案内することが可能となった(1)。

ＣＲＭの進展により、特に、顧客のロイヤルティの向上が期待され、いちげんさんよりもリピーター、リピーターよりヘビーリピーター、そしてファンを構築するための仕組み作りが可能となった。そして、最近では、ＬＴＶ（Life Time Value）という指標を用いて、そのＣＲＭを定量的に図る取り組みが始まっている。ＬＴＶとは、ある特定の顧客が企業に対して、最初の接点から、関係性が継続する期間に（つまり、関係性が終息する時期までとも言い換えることができる。関係性が終息せずに継続していれば現時点までである）、企業が得られる収益の総額を算出する指標である。「顧客生涯価値」と呼ばれることもある。

ＬＴＶは一般的に、以下の式で算出される。

ＬＴＶ＝購買単価×購買頻度×契約継続期間

したがって、購買単価を上げるか、購買頻度を高めるか、契約期間を長期化することでＬＴＶは向上する。ＬＴＶを算出することで、新規顧客獲得のプランニングやコストの分析も可能となる。

購買単価×購買頻度×契約期間　＞　新規顧客獲得コスト＋既存顧客維持コスト

もしこの条件を満たさない状況なのであれば、購買単価や購買頻度、契約期間の見直しによってＬ

TV自体を高めるか、支出するコストをダウンさせるか、どちらかの改善が必要となる。

顧客との関係を長く良好に保つには、そのデータを大量に集めて管理し、それを基にした施策を打っていく必要がある。この場合のデータとは、単に社名や氏名、メールアドレスや電話番号といった連絡先、所属や肩書きなどといった個人情報や属性情報に留まらないのは自明であり、購買履歴、購買に至らずとも、購買の検討をしたかどうか、さらには、プロモーションのためのメールに関しても、どのメールを開封したのか、商談での反応がいかようであったか等の行動的・心理的情報の詳細も設定するとより個人に特定したマーケティング施策を講じることが可能となる。ただ、そのような顧客情報の項目を増やせば増やすほど、業務が煩雑になることは明らかである。そこで、AIをLTVに取り入れることで、データ収集だけでなく、分析まで可能となり、その業務において人の手を煩わせることなく、人的リソースを戦略立案・策定により特化して向けられるようになるはずである。

CRMおよびLTVの進化によって、商売の本来の根幹である「顧客一人ひとりと向き合う」という考え方が、ここにきてまた注目を浴び、実効性のあるものとして認識されるようになったといえる。一方、観光関連産業は、いちげんさん対応が多いという傾向がある。リピーターを獲得するよりも、無限のいちげんさん相手にマス対応をした方が、今までは効率がよかった。しかし、LTVの概念を用いて、ビッグデータから計算をして、そこに対して、ワン・トゥー・ワン・マーケティングを仕掛けていくことがAIを駆使することで可能になったことで、観光関連産業もAIをもっと積極的に導入していく余地がある。そして、そこで得られた情報をもとに、AIが顧客にアプローチするのではなく、そここそ、マンパワーがやるべきことなのである。ここがよく間違われるポイントである。ロイヤルティの高いお客様に対して、ＡＩで対応することのデメリットが理解されていない。顧客コンタクトにおいてはこのあとで説明する「安心保障関係」に留まっていては、それ以上の関係性は構築できない。「一体関係」を構築できるのはマンパワーのみなのである。

顧客との関係性のマネジメントとしてのホスピタリティ

接客業に従事していると、ホスピタリティという言葉を聞かない日はないといっても過言ではないほど耳にする。しかし、ホスピタリティという言葉は、これだけ重要だといわれている割に、よく聞いてみると、「おもてなし」とか「心配り」といった意味でしか捉えられていないのではないだろうか。ここで、既存のホスピタリティ研究から、ホスピタリティとは何かということを明らかにしておきたい。

ホスピタリティの研究分野においては多くの研究者が独自の理論を展開している中で、なかなか統一した理論はないのだが、ここでは、最も論理的にホスピタリティ概念を捉えている徳江順一郎の研究(2)をもとにホスピタリティを概観してみる。

従来のホスピタリティの議論は、サービスという言葉が語源に「奴隷」という意味を持つことから、「主人」と「奴隷」という関係性で語っており、一方でホスピタリティはサービスの上位に位置し、「おもてなし」という行為的側面が強調されたものと捉えているものが多い。

サービス（service）	←	servos	→	slave（奴隷） servant（召使い）
ホスピタリティ（hospitality）	←	hospes	→	host（主人） hospital（病院） hostile（敵）

図3-1　サービスとホスピタリティの語源の相違

徳江はそれに対して異論を唱え、サービスこそがプロセスの代行という行為的側面を果たすものであり、ホスピタリティは、主体間の関係性マネジメントであると説いている。図3－1からもわかるように、サービスの語源servosからは、slave（奴隷）servant（召使い）と上下関係、主従関係を固定するような語が派生しているが、ホスピタリティの語源hospesからは、よく言われるhospital（病院）host（主人）だけでなく、hostile（敵）という語も派生してきている。ここからも、ホスピタリティが上下関係、主従関係が固定されるイメージではなく、自分と他者の関係性そのものを表していることが理解できよう。

そして、サービスよりもホスピタリティが上位だということはナンセンスであり、ホスピタリティは、不確実性のある環境下において、関係性をマネジメントするとの考え方であると徳江は説いている。

さらに、徳江は、ホスピタリティの機能をわかりやすく説明するために、人々の関係性を「安心」と「信頼」という二つの概念を用いて考究している。

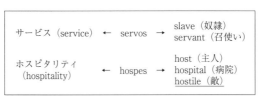

安心保障関係

経済学の用語で、「レモン市場」という言葉がある。レモンとはまさに柑橘類のレモンであるが、別義で役に立たないものや人、欠陥品、ポンコツ車といった意味がある。買い手にばれないことをいいことに、故障が内在する中古車（それをレモンと称する）を販売しようとするセールスマンばかりだと、市場には質の悪い中古車ばかりになってしまい、買い手はそれから逃れるすべを知る由もなく、買い手は中古車を買うことそのものを敬遠することになり、中古車市場が成り立たなくなってしまうことのように、財やサービスの品質が買い手にとって未知であるために、不良品ばかりが出回ってしまう市場のことをレモン市場という。世の中はまさにレモン市場にあふれていて、欠陥品をつかませられないか、騙されないか、裏切られないか、不安に思うことが多い。かつて世間を騒がせた中国製の食品偽装の問題はまさにそのレモン市場の様相だったといえよう。

そこで、買い手の不安を解消するために、きちんとした商売をしているように伝えることが必要となる。それが、マナーを徹底したり、敬語を使ったり、マニュアルを通して品質の均質化を図ったり、人によってクオリティが変化するといけないので、サービスのパッケージ化を図ったりする行為に結びつく。そのような仕掛けを加えることで、買い手が抱く心配事を除去し、安心を保障する。そこで得られる関係のことを「安心保障関係」と言う。安心保障関係では、サービスは固定化され、誰がサービスを行っても均質的となり、不確実性が低減されていく。共通のメリットを強調するために、敵の敵は味方といった行動モデルもこの安心保障関係ではよく使われる。敵が共通だと知ったら人は安心するその心理を突いているのである。

就職活動で、学歴を見たり、資格の有無を問うたりするのは、まさにこの安心を保障するためのプロセスだと思うと納得がいく。人事部の採用担当者は、自分の上司（採用担当責任者）から、目前に並んだ同じような就活生の中で、なぜこの人に内定を出すか問われたときに、学歴や資格を語ると説得力が増すことからも、この安心保障関係が、初対面とか初期段階での関係性構築では有効に機能する。

相手のことがわからないときに、相手を安心させるツールこそが、学歴だったり資格だったり丁寧な言葉遣いだったり身だしなみだったりといった、パッケージ化されたマニュアル的なものだといえる。

相互信頼関係

サービス現場では、このサービスのパッケージ化やマナー教育、マニュアルの徹底など、お客様との安心保障関係を構築するための業務が多いように思われる。

例えば、大手回転寿司チェーンがいま全国にネットワークを広げているが、値段が不透明だった既存の寿司店と比較して、一皿○○円と明確に提示してあるので、会計のときに不安になることはなくなった。ただ、この場合、お客様は自分の既に知っているネタを注文するので、どうしても、新たな価値を創造するというよりも、価格勝負となることの方が多い。

一方、値札のないような、大将おまかせでにぎってもらう高級寿司店に行くと、例えばこんな光景に出くわすことがある。

大将「お客様、何か苦手なものはありますか？」
客「私はどうもアワビが苦手でね。」
大将「かしこまりました。」
……
「お客様、ためしにこれちょっと食べてみてください。」
客「あれ、これは初めて食べる食感だ。うまいね。これはなんてネタですか？」
大将「アワビなんです」

以上のやり取りは、固定的サービスによる安心保障関係では絶対に実現できないものである。お客様は現にアワビが苦手と言っているのに、よりによってそのアワビを提示するなんて、もしかしたら怒られるかもしれない。でも、そこに、安心を越えた相互信頼関係があるからこそ、こういった新しい価値を提供することができる。徳江は、この不確実性の敢えて高い環境において関係性をマネジメントしえる行動こそホスピタリティだと喝破している。

このことからも、ホスピタリティ＝単なるおもてなしではないことはよく理解できるであろう。おもてなしと呼ばれている行為の多くは、安心を保障するためのマナーやサービスのパッケージ化に比重が置かれているからであって、「心からの」なんて言葉が頭についていることも多いが、よく吟味してみると、その中身の本質はサービスのパッケージ化ではないだろうか。お客様を心からお迎えするために打ち水をする、お客様の言葉をさえぎらず、すべて話してもらってからこちらの対応を始める、謝罪の意を伝えるために眉毛で表現をする、等々、ホスピタリティの専門家と言われる人々の口から出てくるホスピタリティの実践事例がどれだけマニュアル化されているか、皮肉としかいいようがない。

前述した寿司屋の大将も、お客様のリクエスト通り、お客様の苦手なアワビを除いて寿司を盛りつければ、自分にとっての失敗はない。でも、敢えて不確実性すなわちリスクを取って、そして自分の腕を信じて、お客様に新たな価値を提供するチャレンジを行った。このチャレンジが成功したら、期待を上回る感動を生み、それがゆるぎない信頼へと結びつく。信頼とは、片方だけが感じていたのでは信頼関係とはならない。お互いに信頼しあって初めて信頼関係は構築できるのである。

その意味では、「安心保障関係」の上位に「相互信頼関係」が位置づけられる。その相互信頼関係は、不確実性を除去するのではなく、そのリスクの存在を認めた上で相互の信頼のもとに構築する関係で、この関係性が構築できたとき、期待を上回る感動が起こることが多い。そのときに、サービスの提供者側は、利己的な気持ちだけでなく、お客様の喜びこそ、自分の喜びといった利他の心が生まれてくることが多い。自分にとって目の前の利益だけを追い求めていくと、先述した「レモン市場」のような事態にもなりかねない。そのためにも、もちろん商業活動なので利益の追求は何ら悪いことではないけれども、そのお客様の喜ぶことを最優先に取り組むといった発想が、この相互信頼関係では求められているのである。

福祉からひも解く新たな関係性としての「一体関係」

以上がホスピタリティに関する理論である。最高のホスピタリティを提供していると自他ともに認めているような、一流ホテルマン、フルサービスキャリアのキャビンアテンダント、テーマパークなどで従事する人々と話をする際、この「安心保障関係」の構築のための行動と、「相互信頼関係」の構築のための行動とにそれぞれ整理すると、なるほどなと理解できるところが多い。

ここで、観光関連産業とはあまり関連のないところで、福祉分野に注目をすることにする。AIに仕事を取って代わられるという議論がされる中で、福祉分野はどこの試算においても生き残る産業として位置づけられているからである。これは単に身体的重労働が中心で、AIが取って代わる頭脳労働ではないといった議論ではないように感じる。福祉分野に勤務する人々のマインドにヒントがあるとの仮説から、福祉分野において先進的な取り組みを実践している施設を訪問し、そこで勤務する人々と対話した。そこで得た知見をここに書きとどめたい。

最近は福祉施設もホスピタリティを重視するという方針が多くの組織で取り入れられ、ホテルマンやマナー講師からのホスピタリティ講座を職員に対して受講させている施設もかなり多くなった。そのため、入所者の方々への対応、家族への対応が昔とは大きく変わったと言われることが多くなった。しかし、福祉施設で働く人々と接したときに、上述したような一流のホテルマンやキャビンアテンダントと接したときとは違う感覚を抱くのである。福祉が先進的な観光関連産業の取り組みを学んでいると思っていた既定概念をまず取り払って、福祉それ自体から観光が学べることとは何か、探っていくことにする。

ありがとうの強要がもたらすもの

神奈川・湘南地区を中心に高齢者と保育事業を広げている福祉法人伸こう福祉会では、「入所者の方にありがとうと言わせるな」としているそうである。「ありがとう」等の感謝の言葉こそが、接客時のモチベーションの源泉のようにいわれている。しかし、あまりにそれがフォーカスされ過ぎて、お年寄りの側は常に「ありがとう」、「すみません」を言い続けなければならない状況に陥っている。利他といいながら自分に見返りを求めていることからこそこの現象は起こっているのではなかろうか。伸こう福祉会では、その「相互信頼関係」を無理に結ぼうとするあまり、相手に感謝を強要することの矛盾を日常業務から見抜いたのである。一流ホテルや機内なら非日常の「ハレ」であるから、ありがとうも連発できるけれど、福祉施設は日常の「ケ」である。だからこそ余計にそのような一時的、表面的な対応だと化けの皮が剥がれてしまうのである。

さらに、ディズニーやリッツカールトンといった感動経営、感動のホスピタリティの事例が世間にあふれているが、福祉関係者の態度は、感動の押し売りはしていない。福祉施設では感動を演出しようとして日々の業務に当たっているわけではない。喩えていうなら、こだわりぬいたポン酢が最近店頭にも並ぶようになったが、それらは一度はおいしいけれど、毎日使っているとまた普通の一般的なミツカン味ぽんが恋しくなるのと似ている。感動を強要するのではなく、自然に、普通に、さわやかな空気のような存在で気持ちよくサービスをすることが求められているのである。

裏切りという発想がない「一体関係」

また、お客様のために誠心誠意尽くしたとしても、それが伝わらないことがある。そして、「相互信頼関係」を構築できたと思っても、信頼は往々にして裏切られることがある。サービスの現場でも、サービスの達人と言われる人からも、たまには心を尽くすサービスをしたときにその恩をあだで返される話を耳にする。

だが、福祉関係者の方々とお話をすると、お客様に裏切られるという感覚が一様にない。その違いはどこから出てくるのか。

それは、観光関連産業の枠組みの中で、相互信頼関係を構築するべきだということを主張する際よく出てくるキーワードである「利他性」という言葉ではなかろうか。福祉施設での対応はもちろん他者のためにサービスしているのだが、福祉施設の対応と「利他性」という言葉がどうも結びつかない。それは、「利」という言葉に引っ掛かりがあり、利をどちらに分配するかという発想が、福祉にはないからではなかろうか。

利他性がいわれるときに必ずセットになるのが、他人のためにやった行為は必ず自分にも返ってくるという思考である。だから人のために尽くしましょうということになる。しかし、それは結局自分のためにやっていることになる。自分の利のために、戦略的に「誰かのために」をやっているに過ぎ

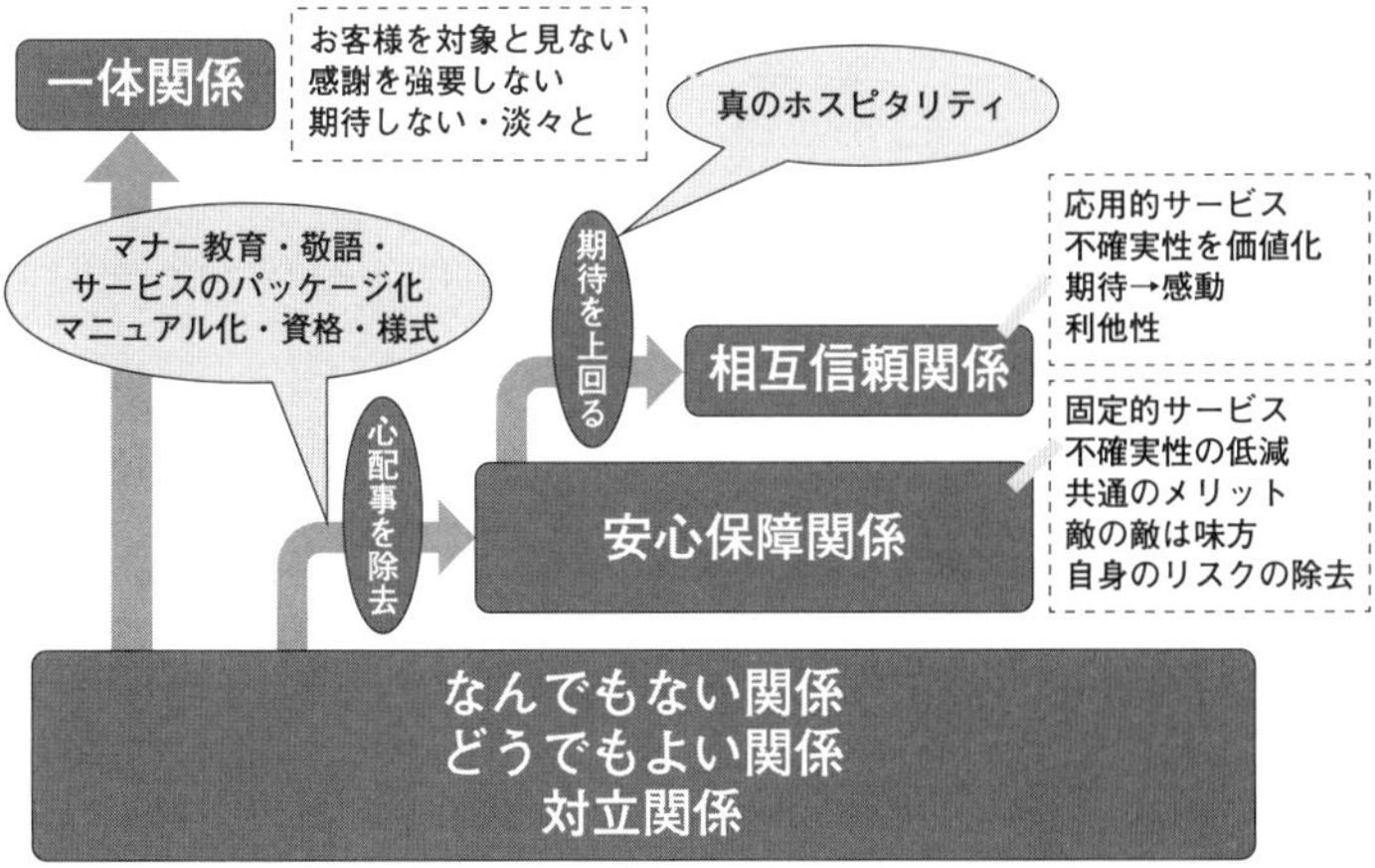

図 3-2　安心保障関係・相互信頼関係・一体関係

ない。

その意味で、相互信頼関係も、まだ相手を「対象」として自分とは一線を画して見ている。一方、対象ではない、相手はすなわち自分であり、すなわち、お客様と自分とは「一体」であるという考え方こそ、福祉施設において実践されている考え方ではなかろうか。

裏切られて悔しい思いをするという感覚は相互信頼関係特有である。安心保障関係では裏切られることはどこかで想定していて、それも含めて敬語やマニュアルで対応しているのではなかろうか。不確実性は完全には除去できないけれど、それでもできるだけ除去するように動く。裏切られるのも想定の範囲内である。だから腹が立たない。一方、相互信頼関係は裏切られないことが前提なので、裏切られたら腹が立つ。

ところが、一体関係だと、裏切りという発想それ自体がない。お客様は自分だから、お客様がもしうそを言ってだまそうとしても、落ち込まない。人間の弱さ、醜さ、それもすべて含めて自分。今は元気に活動できている自分もいずれ老いる。老いたらいくら地位が高かろうとお金を持っていようと、誰かの世話にならなければいけない。自分にも内在する弱さ、醜さ、人を疑う気持ち、うらやむ気持ち、嫉妬する気持ち、そんな異心《ことごころ》を人間の根本に立ち戻って、それに気が付いたときにその都度祓う（払う、掃う）。そのようなマインドを福祉施設の関係者から感じ取った。

ＡＩに接客業も取って代わられるのではないかといわれているが、ＡＩは一体関係のマインドには到底至らない。ＡＩにできるのは、ただ安心保障関係の構築だけである。安心保障関係の構築のみに終始している接客業であれば、間違いなく取って代わられるであろう。

愛やヒューマニズムにあふれる感動のストーリーではなく、日常

星加良司は、自身も全盲であり、障害社会学の研究者として積極的に障害者と社会の関係性について言及している。障害を持つ当事者だからこそわかるその人間関係の深奥に関して『障害とは何か』（二〇〇七年）において考究を深めている。ここで星加は介助者と被介助者（障害者）の関係性が常に「非対称性」を帯びることを述べている。「日常生活の基本的な動作に介助を要する障害者にとって、介助という行為は生存のために不可欠な要素であり、介助者の存在もまた生活の不可欠な要素である。介助者の存在は生活の必要条件として求めざるを得ないのである。一方、介助者の側にはそのような必然性は存在しない。介助から離れることは可能であり、現に介助を行っているからといって、将来

にわたってその対象となる障害者の存在を必要とするわけではない。(2)」この現実を星加は喝破している。そして、結局日々の生活を営むために、障害者にとっては介助者を「用意」することが決定的に重要であり、介助者をえり好みできない現在の介助供給体制下では、障害者は自己主張を控え、介助者の意志に順応することで、介助を確保しなければいけないという現実がある。

そこで、星加は、その非対称性による不利益を解決する一つの方法として、「介助の有償化」を挙げる。障害者が介助者を「雇用」し、それに必要となる費用は公的セクターが負担するという枠組みである。これで、介助者と被介助者の関係性は、お世話をしてあげる人、お世話をされる人という関係から、被雇用者と雇用者という関係になる。ただ、この枠組みが機能するためには、介助供給の量的な確保が必要である。障害者側が「特定の介助者の存在に固執する」ことなく、自由にその関係性を解消できるイニシアチブを持つことができるならば、この枠組みは生かされる。しかし、現実はそこまでの量的な確保はままならない。

介助の形態として、家族による介助が最も一般的である。親が障害を持つ子どもを介助するケースであるが、この場合は、介助者が被介助者に対して抑圧的に対応することはこれまでも再三議論されてきたことである。家族による介助は余計に非対称性を固定するものとなっている。

もう一つの介助の形態として、ボランティアという枠組みも存在する。ボランティアは「道徳的・倫理的あるいは感情的な動機によって、介助者が障害者との関わりを生活の一部に組み込」むことである。この場合、ボランティアの介助者は介助行為の中で、新しい価値を発見し、その活動に生きがいや使命感を持つ。すなわち、介助者側の問題点として、介助者は障害者の存在は必ずしも必要ではないという事実であったから、このボランティアによる介助、被介助の関係は少なくとも、この問題は解決する。

星加は決してこのボランティアによる介助も非対称性を完全に除去するものとは捉えてはいないが、被介助者を「対象」として見るのではなく、「自分事」として見るという視点は他の関係にはないものであり、その意味で、福祉施設が一体関係という新たな関係性を見出したことはこれと無関係ではないと思われる。

また、石川准は『アイデンティティ・ゲーム』（一九九二年）においてさらにラディカルに障害者の置かれた状況を自身も障害を持つ者として社会に問うている。石川は障害者と介助者の置かれている立場の違いの典型例を会話形式で紹介しているので、そのまま引用する（S：障害者、K：介助者）。

K「あの、今日の交通費と映画代いただけますか」

S「えっ、今日は友だちとして一緒に映画を見ると思っていたから、お金の持ち合わせがないんだけど」

K「別に今日でなくても次回でいいんですけど」

S「じゃあ、映画代も払わなければいけないというわけなの」

K「そうしていただければうれしいんですけど」

S「私も介助者として行ってもらうか、友人として行くか、はっきり言っておかなかったのも悪かったけれども、今後は友だち関係ではなく、純粋に介助者だとして付き合っていきますからね」

K「そういうふうに思っていただくと気が楽です」

このやり取りを提示して、石川は多くの読者がSに対して否定的な見解を持ったことを示している。しかし、ここで、石川はいつの間にかSに対して「障害者役割」を演じることを強制されていることを指摘する。「介助者と親密かつ対等に付き合う」のは、その障害者役割に反するというのだ。「つつましく貧しくひそやかに、ボランティアに頼って受け身に暮らすのが障害者らしい生き方」とし、「障害者には、愛やヒューマニズムを喚起し触発するようにふるまうこと」が期待されている。愛らしくあることが障害者役割であり、障害者のケアは愛やヒューマニズムにあふれた人々の自発的な善意によって行われるべきだと、社会から無意識のうちに求められているというのだ。

ここにおいても、障害者は常に対象と見られてしまうことで、そこにたとえ愛やヒューマニズムがあったとしても、対象として見られている間は、障害者と介助者の関係は対等にはならない。福祉の世界では、この関係からの乗り越えを愛やヒューマニズムに求めなかった。既存のホスピタリティ分野が感動にその役割を期待しているが、感動がこの関係からの乗り越えに関して無力であることは、ここまで読み進めてもらった読者なら理解できるであろう。感動こそ、接客において究極的に目指す目標と言われることが多いが、その先にある一体感の世界にあるのは、感動よりも淡々とした日常である。

福祉分野のマインドに見る新たな可能性

ＡＩに取って代わられる仕事、残る仕事を様々な研究者が予測している。その中で、介護職やソーシャルワーカー等の（医療）福祉分野は残ると予測している研究が多いことに気づく。福祉分野はきついわりに収入が見合っていない労働分野であるとして慢性的な人手不足に悩んでおり、できるだけＡＩやロボットに取って代わる方策を業界全体が模索しているにもかかわらず、ここまでＡＩ時代になっても残るといわれているのには、そこに何らかのヒントがあるからにほかならない。観光関連産業において、ＡＩに取って代わられるのではないかと労働者が戦々恐々としているが、観光関連産業の中だけでその解を模索してもその閉塞感は変わらないように思われる。観光関連産業従事者とＡＩの話をしたときは一様に暗い顔になり、将来不安にあふれた議論になってしまうが、もっと深い人間理解をするためには、ＡＩ時代になっても残るといわれている福祉分野にもっと学ぶべきではないだろうか。

福祉の現場では、包み隠さないありのままの人間そのものを毎日の業務で取り扱っている。その現場からは人間とはいかなるものか、普段見えないものも見えてくる。

かつては福祉の現場では、認知症の入所者の方を扱う際、子どもに返ったとみなして、赤ちゃん言葉で接したりもしていた。そして、身体拘束なども日常茶飯事で、まさに人間としてではなく、モノとして扱っていたようなところもあった。

それらの反省が先進的な福祉施設では大いに生かされており、まさに人間の尊厳を最後まで全うしてもらおうと担当者の人々はみな一人ひとりに対して試行錯誤を続けながら、人生を見つめ続けている。

先述した伸こう福祉会では、ありがとうを言わせないだけでなく、さらに先を行き、入所者の人に対してありがとうと言ってもらえるような場づくりをしている。それぞれの入所者が得意分野を生かして活動することで、地域にも開かれた施設として、入所者だけでなく外部の人からもありがとうと言われる機会を創出している。一流ホテル、フルサービスキャリア、テーマパークでは、お客様がありがとうと言われるシーンは、「ご利用いただき、ありがとうございます」「お買い上げいただき、ありがとうございます」だけではないか。それを越えようとは全くしていないのではないか。この「ご利用いただき…」「お買い上げいただき…」から一体関係は感じない。まだ相手を対象として見て、利がどちらにあるのかということに留まっている。真の人間関係とは、利をどちらに置くかではない。あなたと出会えてよかったと心から思い、お互いが生きているということの奇跡を共有すること、気持ちが一体となったことに価値を見出すこと、この境地は既存のホスピタリティ分野からは感じることはなく、福祉施設からは感じることができた。

そのようなプロセスから、もはや先進的な福祉施設におけるマインドは、一流ホテル、フルサービスキャリア、テーマパークの先を行っているのではないか。ホスピタリティ産業と言われている分野の人々は、たまに来る相互信頼関係を心待ちにしながら、日常の安心保障関係の構築に最も心血を注いでいる。そのプロセスに満足し、ホスピタリティなら自分たちが一番だと思っていたら、福祉施設での従事者が至っている境地は理解できない。基本的には福祉は異業種だと言って認めたくはない人々も多いだろうが、人を扱うという意味では全く一緒である。福祉施設から学ぶというと、車いすの押し方やバリアフリーのハード整備といったことばかりが議題になるが、そういった介助技法のテクニックに留まらず、福祉施設従事者がどのような想いで利用者の方々に接しているのか、是非この人間の尊厳を何よりも重んじるというマインドを学び取ってもらいたい。

2　いま求められる高等教育

観光学領域の高等教育の現状

観光学は実学的学問、複合領域にまたがる学問といわれて久しい。アメリカではホテル経営学をもとに発展し、イギリス等の欧州では主に社会学、開発学から派生してきた。我が国ではそれに加えて、都市計画（建築学）、景観（農学）、文化人類学から観光研究が深化していった。そのような経緯から、観光学は総合的な学問であるということを言い訳に、研究者は自分の専門分野のたこつぼ内から出てくることなく、他分野には無関心である場合が少なくない。さらに、研究内容もそれぞれの研究分野における観光のケーススタディといった色合いの研究も多く、学問として観光学がいつまでたっても一人前として扱われる域に達していないといっても過言ではない。これはひとえに観光研究者の怠慢に原因がある。総合的学問、学際的学問という言葉に甘んじることなく、もっと観光の多様な側面にも関心を持ち、観光の経済効果だけを追求するといった志の低いレベルに満足してはならない。

観光学を教授する大学も、学部学科としては、日本では一九六三年に学科としては初めて東洋大学短期大学部に観光学科が誕生した。これはこの年代が示すとおり、一九六四年に開催される東京オリンピックの対応である。東京オリンピックによって、一九六〇年代前半に第一次ホテルブームが発生した。この際、ホテルオークラやホテルニューオータニといった現在も日本を代表する一流のホテルが建設された。しかし、ホテルは建物を建設したからといって、即運用ができるわけではない。そこで働く人材が必ず必要となる。東洋大学がまず短期大学で観光学科を設立したのもここに意図がある。急増するホテルに対して、そこで働く即戦力としての人材を急ぎ輩出する必要があり、その要請に応える形で設立された。その後、一九六七年、立教大学は社会学部の中に観光学科を設立した。すなわち、立教大学は社会学の一部として観光学を位置づけており、よりアカデミックな側面を重視したカリキュラムで日本の観光学を牽引してきた。その後、地方創生を目論む中での観光への期待、外国人観光客誘致の国家的取り組みに対する関心の高まりから、観光学部・学科が全国の大学に増加した。

しかし、観光学部・学科を卒業したからといって、観光関連産業に就職しているわけではないという現実が明らかとなった。大学によってばらつきが激しいが、観光関連産業に就職する割合が一〜二割に留まる大学が多くを占めるということが判明したことで、観光学部・学科のカリキュラムに関して、観光庁から問題提起がなされた。そこで議論されて明らかになったのが、観光関連産業側は必ずしも観光学部・学科卒業の学生を積極的にあるいは優先的に採用していないということである。産業側の意見や外国の事例をもとに観光庁はモデルとなるカリキュラムを提案したが、大学側も積極的にそれを取り入れているようでもないし、産業側もその後も観光学部・学科の学生を優先的に採用している様相であるとは言えないのが現状である。

そのような、観光学部・学科から積極的に採用がなされない現状が変わらない以上、観光学部・学科に特化して議論を進めても全く事態は変わらない。大学教育全体の現状を分析することで、人材育成の議論を進めていかなければならない。ＡＩ時代の到来を目前に控え、ＡＩ時代に生きる人材育成をどのようにしていくか、教育界でも議論が始まっているが、プログラミング教育の早期導入を図ろうとしている小学校の改革や、今まで文系では完全に疎かになっていた数学教育を文系にも課そうとしている中学校および高等学校の改革に比べて、大学の改革は迷走しているといっても過言ではない。

ここで、一般的な大学に内在するもっと根源的な課題を概観してみることとする。

課題①大学では人間教育ができない

現在は、大学というよりも社会全体でハラスメントの撲滅が叫ばれている。たまに大学におけるハラスメントのニュースが流されているが、現在の大学はハラスメントが横行しているという状況ではなく、むしろハラスメントに該当することのないように、慎重に慎重を重ねて業務にあたっている教員が大半を占めるのが現状である。なので、学生を指導することは大きなリスクを伴うため、学生に対してどうしても甘く対応するようになっている。職員に至っては学生をお客様扱いせよとの指示も出ている始末である。学生も怒られないから、好き勝手にふるまったり、もし指導されても言い訳をしたら深くは追及されないから適当な言い訳を考えたりしている。さらには、学生による教員評価も各大学で定着してきた。さらには、その教員評価を給与査定に組み入れる大学も出てきた。そのような状況になれば、リスクの高い教育指導を行うよりも、学生に迎合した対応をした方がリスクが少なくなり、多くの教員のマインドはそのような発想にここ数年で大きく変化した。

課題②文部科学省の介入と、法人側（運営）の立場の強さ

なぜ課題①で紹介したような学生による教員評価やその教員評価を給与査定に組み入れる方策が一気に広まったか、それは文部科学省からの指示である。文部科学省は大学への交付金を一律に支出するのではなく、効果的な取り組みを行っている大学に対して優先的に配分するという方針を打ち出し、様々なチェック項目があって、そのチェック項目の達成度に従って交付金を設定するという対応を取っている。そこで、各大学はその文部科学省から挙げられたチェック項目をできるだけ多く実施することに躍起になっている。そこに教員評価を給与査定に組み入れることも含まれているのである。それを強力に実施するため、文部科学省は大学には教授会による民主的な運営よりも、法人主導による

強力なリーダーシップを求めるようになった。それに従って、学長選挙も行われなくなり、法人が指名をする大学も増加した。これによって、教授会は弱体化し、教員は大学運営に口を出すこともできなくなり、おとなしく自分の研究を進め、その傍らで大過なきよう教育も行うという態度に一気に変化した。

課題③グローバル化という英語学校化

文部科学省の強力な指示で現在多くの大学で取り組んでいるのが、グローバル化への対応である。これは実業界が文部科学省に対して、大学を卒業したのに英語が全く役に立たない人材ばかり輩出している現状に苦言を呈し、それを受けて、グローバル化ということが最近特に強く言われるようになってきた。具体的には、専門科目を英語で開講する、短期および長期の留学を奨励し、そこで取ってきた単位を積極的に認めること等である。

これだけ見ると、別に悪いことではないように感じるが、一部の優秀な学生を除いて、もともと英語力に難がある学生に対して英語で講義をするとなると、講義内容が伝わらないようになる。ゆっくりしゃべったりすることで、結局教える内容は日本語で講義するよりも実質は半分以下になるように思う。また、それを受けて各大学で最近出てきているのは、文部科学省に対して講義の英語開講比率を上げるために、英語で講義ができる教員を優先的に採用することから、本当にその分野で優秀な教員を採用できないという状況である。こうなってしまったら、大学は最前線の研究を教育に生かすというよりも、英語学校化しているといっても過言ではない。大学に四年間通っても、英語は確かに上達はしたけれど、専門といえる分野の学問追究が全く疎かになっているように思われる。英語はペラペラ、中身もペラペラでは問題である。

課題④専門学校への偏見

かつて大学進学率が低かった時代は、「大学生」または「学士号」といったら一定の学力の裏打ちがあった。しかし、現在は大学進学率が五〇％を超え、中には定員割れをしている大学も多くなってきた。Ｆランク大学という名前も定着した。このＦランクというのは、Free の頭文字で、自由に入れる、すなわち入学時に選抜が機能していない大学である。このような大学では、高校までの学修の蓄積はなく、高等教育にふさわしい講義内容が実現できるわけがなく、分数の計算、％の概念を教えているといった壊滅的な状況である。学修意欲に欠ける学生も多く、また、その定員割れを留学生に頼ることで、講義の際、日本語が伝わらないという状況になっている大学もある。留学生比率が高く、外国語が飛び交うというような状況は、まさに文部科学省が推し進めるグローバル化をこれらの大学は達成しているというのは皮肉である。

大学進学率が五〇％を超えたことで、今度は高校が、中学生からの受験生募集の際、大学進学率が一〇〇％でないことを問題にされるようになってきた。そのため、高校の進路指導の担当教員、担任は、学生が意志を持って専門学校進学を希望しても、高校の体裁を優先して、大学進学を以前よりも強力に勧めるようになった。そのため、いま専門学校に進学している学生は、費用面で四年間授業料を支払うことが厳しい家庭にいる学生と、高校教員のアドバイスを振り切って自分の意志を貫く志の高い学生とが集まっている。現在は、Ｆランク大学生よりも優秀な人材が専門学校生に存在する。また、そのような外部評価には惑わされず、高卒で大企業への就職のラインを持つ高校は堂々と高卒就職を奨励している。そのような高校はもともと保護者からの理解もあり、当初から高卒で就職することを前提として優秀な学生が集まっている。

いまや、「大学卒」「学士」は全くブランドとして機能しておらず、大学卒の称号を持っているからといって学力の保証にはなっていない。

提言①高卒、専門学校卒へのさらなる門戸開放

多くの観光関連産業の人事担当者と話をすると、人材採用が難しくなっているとほとんどの会社で悩んでいる。

であれば、なぜ高卒、専門学校卒に門戸を開放しないのか。特に専門学校には覚悟を持って入学し、大学ではありえない秩序を保って学校生活を送っている。二年間という短期間で総合旅行業務取扱管理者資格を取得する学生も多く、合格率は専門学校生の方が高い。一部の気合の入った専門学校では、一年次でもう総合旅行業務取扱管理者資格を取得している学生が多数を占めるところもある。大学で実現できていない教育が専門学校では実現できているところもある。専門学校は、一部いい加減など

ころがニュースをにぎわせたりしているので、そのイメージが付いているが、本当に一生懸命頑張っている学校が存在することをもっと知ってもらいたい。

また、その意味では、なぜ高卒を採らないのか。それは、採用担当者が実際に高卒生に出会ったことがないからだと思われる。高校を卒業してすぐ就職することを考えている生徒は、勉強が嫌いな子も確かにいるが、親孝行な子も多い。この親思いの子なら、ホスピタリティあふれる対応ができるのではないか。自衛隊は高卒が多く入隊しているが、人間として立派に育っている。お客様の気持ちと一体となって、日常業務に当たるということの大切さを若いうちから叩き込めば、骨の髄まで染み込んで、ブレない対応をする担当者となるに違いない。観光関連産業は、頭のいい子ばかりを雇おうとするから、口先ばかりの言い訳をする。そのような表面的な言い訳は観光関連産業の目指すところからすると真逆である。常にお客様の立場に立ち、お客様のために尽くすことができるかどうか、その能力は、テスト勉強が得意かどうかとの関連性は低い。

提言②人文学の重要性を強調

序章において、観光という言葉の語源が中国古典の『易経』にあることを紹介し、そこで述べられているリーダーシップのあり方を紐解いた。観光というたった一語からこれだけの先人の知恵を得ることができるのである。また、海外観光資源を学んでいく中でも、それぞれの宗教や哲学に裏打ちされた美術史を学ぶことで、人間はいかに生きるべきかということを知ることができる。それを現在は、人文系科目は実務に役に立たないとの一言で片づけられ、その代わりに語学と実務に役立つ科目とインターンシップが増えている。実務に役立つといっても、企画書の書き方、プレゼンテーションの作り方といったことを教えて即戦力を育てると標榜したりしている。しかし、企画書やプレゼンテーションなどは、それぞれの企業ごとに代々伝わる流儀もあり、ものの三カ月くらいあれば身に着けることは可能である。インターンシップでよく行われているワークショップの多用も、そのときだけの刹那的な満足感ばかりが昂揚し、汎用性がない。そもそも、実際の日常業務ではそのようなクリエイティブなワークショップなどほとんど行われていない。インターンシップとは外側から見てわかりづらい日常業務の内情を知ることであったはずが、なぜ日常業務で行わないことをやっているか理解に苦しむ。そしてそれに参加して達成感や感動を得て、その会社を選ぶ学生にも違和感を抱く。インターンシップをそんなにやるくらいなら、二年で卒業する専門学校を選びさっさと就職して、きちんと給金をもらいながら学んでいけばよい（第9章3節参照）。

せっかく大学に入学したのなら、直接的に役に立つことだけを学ぶのではなく、連綿と続いてきた先人の知恵に触れ、人間理解に努めた方がいい。そういう大学こそ、ＡＩが盛んになった時代が到来しても、右往左往せず、人間を生かすことを第一義として邁進できるリーダーを育成することができる。ＡＩ時代になっても必要なのは、予想だにしていない事態が起こったときに右往左往しないで、ブレずに人間の幸福と繁栄を追求できるリーダーの存在である。そのリーダーの直観――いろいろな言葉がある中で、敢えて直観という言葉を選んだ。これは、「エイ・ヤー」と決めてしまう第六感のような直感ではなく、言うならば選球眼、すなわち、単にデータ分析から導き出した結果に従って決断を下すのではなく、そして、目の前に見えるものだけでなく、身体に張り巡らされたアンテナまたはレーダーのようなものから感じ取る見えないものも含めた感覚を信じ、前例（成功事例のまねや失敗事例の回避）にとらわれることなく、「今」を感じることができる、そういう判断能力――を養成するのは、目先の使える知識の習得ではなく、財界や文部科学省が軽視しているまさに人文学そのものであると考える。

来たるべきＡＩ時代が人間にとっても幸福と繁栄を享受できる時代であるために、観光学は、データ分析の手法を熟知した結果、身体感覚を失い、世の中の変化の兆しを感知することができなくなってしまった頭でっかちな人間ではなく、大地に根差し、そこから発せられている刻々と変わる「今」をしっかりと捉えることができるという直観を持つリーダーを輩出するため、敢えて人文学を基盤に今後も発展していくべきと強く信じている。光を「見る」のではなく、見えないものも感じるという意味での「観る」ことの大切さを序章に続きここでも強調しておきたい。

注

（1）とはいうものの、江戸時代の商人は「大福帳」で、単に売上高だけを記録するだけでなく、顧客情報管理を既に実践していた。

（2）星加、二〇〇七年、二四〇～二四一頁。

参考文献

石川准『アイデンティティ・ゲーム――存在証明の社会学』新評論、一九九二年。

石川准『人はなぜ認められたいのか――アイデンティティ依存の社会学』旬報社、一九九九年。

島川崇編著『観光と福祉』成山堂書店、二〇一九年。

社会福祉法人伸こう福祉会「アニュアルレポート」二〇一七年。

社会福祉法人伸こう福祉会「Musical Beautiful Life 2 でこぼこ☆ピース」二〇一九年。

徳江順一郎『ホスピタリティ・マネジメント（第二版）』同文舘出版、二〇一八年。

星加良司『障害とは何か――ディスアビリティの社会理論に向けて』生活書院、二〇〇七年。

第Ⅱ部　ＡＩ時代に必要な顧客とのコミュニケーション

第4章

マス・マーケティングの高度化

神田達哉

第Ⅱ部においては、進化したデジタル技術をマーケティングに活用するならば、あるいはそれらに頼らずして顧客ロイヤルティ醸成を獲得するには、それぞれどのような対応ができるかを検討する。本章は、マス・マーケティングを対象とした。なお、この章では、情報過多の時代環境では通用しないとされる画一的な顧客アプローチ策を昇華するべく、「物語」で共感を生んで顧客とともに共創に繋げたり、新規のチャネルを導入したりすることで、新たな顧客接点を確保し得る可能性について論じたい。マーケティングを捉えるとき、きめ細やかな一対一のコミュニケーションであったり、共通の趣味や目的を持った集団たる「トライブ」へのアプローチであったりが、昨今一般的とされている。そこで、敢えてテレビという、究極のマス媒体を活用して旅行商品を販売する二社の事例を通して、いかにして顧客との接点を確保しようとしているかを示していく。国内でのテレビショッピング自体は五〇年近い歴史を重ねているが、平成の時代とともに世帯視聴率による番組の指標設定は終わりを告げ、個人視聴率による視聴状況の確認が標準化されようとしている。性年齢別の視聴様態や、放送時および放送後の申し込み状況といったデータ活用もさることながら、企業としての存在意義を標榜可能とするコミュニケーションについてケースから読み解きたい。

1　顧客接点確保の可能性

旅行会社に対する低調なニーズ

ここからは、デジタル時代に必要な顧客とのコミュニケーションのあるべき姿について述べたい。そもそも、旅行会社と社会との間には強固な関係が存在しているだろうか。残念ながら、現状においては否定的な回答をせざるを得ない。旅行サービス提供会社には、旅行業者、旅行業者代理業者、旅行サービス手配業者が存在する。一九八二年の旅行業法改正により、旅行代理店から旅行会社へと名称は変更されたにもかかわらず、いまだ旅行会社は「旅行代理店」と称される。それは、業法改正が広く理解されていない面もあるが、予約代行の域を超えないとの認識に基づくものと捉えられる。つまり、最大の顧客接点たるリアル店舗の場において、旅行会社が顧客へ提供している価値の存在を、消費者は認知していないということだ。それに、そもそも関心やニーズが乏しい。

サービス連合情報総研では、二〇一八年二月、全国の男女一〇三〇人にインターネットアンケート調査を行った。二〇・三〇・四〇・五〇・六〇歳代の男女、各カテゴリー一〇三人を対象としている。旅行会社のリアル店舗へこの一年間に訪問実績がある、または今後三年間に訪問意向がある人の割合をニーズとしたとき、その結果、リアル店舗の消費者ニーズは二六・九％に留まることがわかった（図4－1）。旅行商品と比較して、購入頻度が同程度あるいは下回ると想定される商品やサービスを取り扱う業種・業態よりもニーズは低い。気軽に立ち寄ることのできない圧迫感があり、訪問によって得られる価値が限定的と受け止められている。このような状況で、消費者にともすれば不利益をもたらすような上っ面だけの施策を強行した場合、往々にしてすんなり理解されることはない。ここで、ＪＴＢが一部店舗で時限的な実験として二〇一九年に実施した、相談料収受の件を取り上げたい。

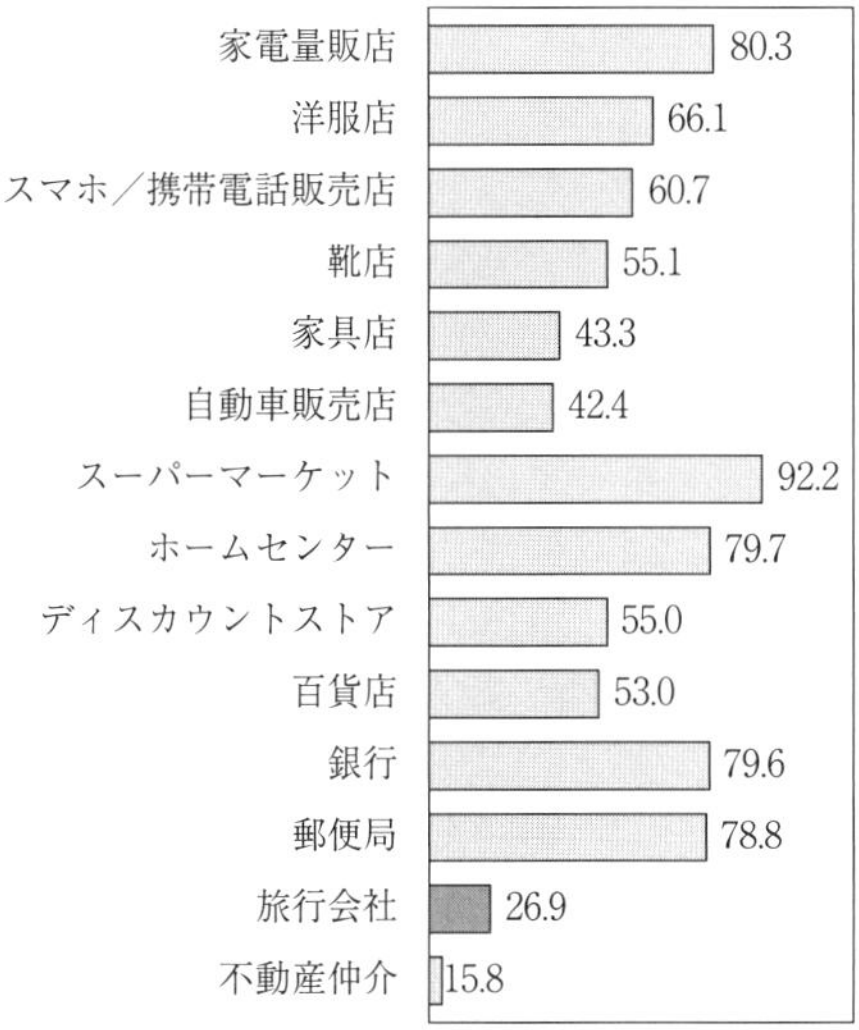

図4-1　リアル店舗のニーズ

注：ニーズとは，この1年間に訪問実績がある，または今後3年間に訪問意向がある人の割合（％）とする（複数回答）。なお，取り扱う商品やサービスの購入とは無関係な立ち寄りや，付き添いでの訪問，私用以外の業務などでの利用，および海外の店舗は対象外。

それは、当該企業がニュースリリースを発信する形ではなく、消費者のツイートから一気に情報が拡散した。「ＪＴＢ窓口対応有料化、一時間四三二〇円！　携帯電話会社も追随するかもなー（＠ｏｍｉｙｕ３）」。インターネットニュースメディアに続き、テレビの情報番組も、当該ツイートを基に消費者の受け止めやコメンテーターによる批評を発信した。当該企業は、四月から店頭で告知を

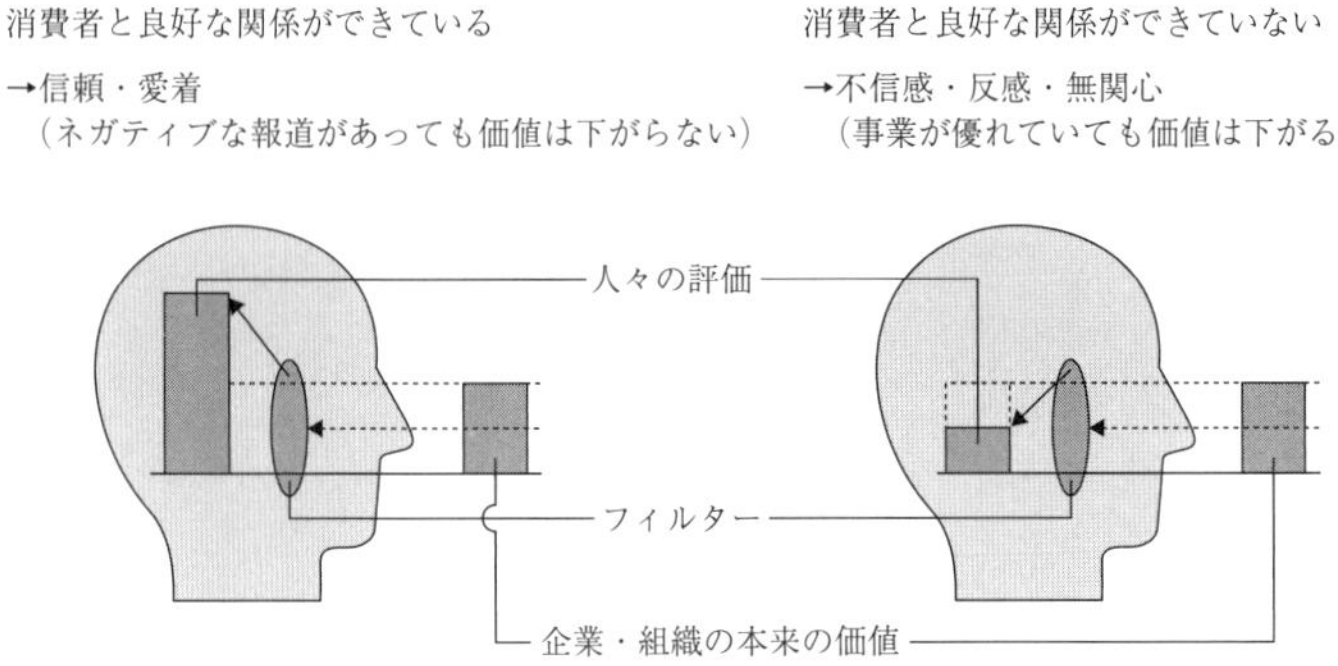

図 4-2　企業・組織の価値を高める力

始めていたことを取材に答える形で認めた。「根拠は標準旅行業約款」「収受する習慣がなかっただけ」「接客の効率化重視や売り上げ対策ではない」とは理解できるが、「新しいことを始めたわけではない」との言葉を消費者はどう受け止めただろうか。

　定量的な根拠を提示できず恐縮だが、今般の一件以前より、旅行会社から相談料を求められる可能性を認識している消費者は、圧倒的少数と推し量る。実際、当該情報は社会に新鮮さや驚きをもって受け止められ、目的とその手段を混同した賛否両論が飛び交うこととなった。それは、今般もたらされた情報において、企業側からのメッセージが質・量の両面とも極めて乏しかったことに起因する。情報発信元が消費者であり、かつ消費者自身がその情報の解釈を委ねられるという歪さが存在していた。

　企業と社会との間に良好なコミュニケーションが存在していれば、ネガティブな情報が存在しようとも、社会に伝わる企業の価値は一般的に下がりにくいとされる。他方、コミュニケーションレスの状況で伝わる情報を、人々が無関心のフィルターを通せば、優れた事業であっても社会に伝わる企業の価値は下がる一方だという（図4－2）。七割の消費者が無認知のリアル店舗に存在する「人財」に起因する価値を社会へ示さずして、サービスの対価を得る試みが前面に出てしまっては、消費者からのポジティブな理解は得られにくい。換言すれば、相談料収受は、店舗の存在や提供する価値を消費者へ喧伝する絶好の機会だった。にもかかわらず、ゴールデンウィークが一〇連休となった特需のついでに手数料収入で儲けようとか、赤字決算挽回の足しにしようとしているとか、当該企業の意図せぬ解釈がネット上に展開している始末だ。今般の事象は、旅行会社と社会との間の距離を再認識させられるとともに、実験であり一時的かつ局地的な取り組みといえども、当該企業の「覚悟」を感じさせることのない浅ましい姿を垣間見せた。

共感を得る戦略的なパブリックリレーションズ

既存顧客のみを相手に商売し続ける企業へは無用な指摘だが、消費者に相談料徴収を納得させ、リアル店舗へと新たに誘客する上で必要なのは、パーパス・ブランディングを通じたコミュニケーションである。パーパスは、フェイスブック創業者のマーク・ザッカーバーグが母校のハーバード大学で卒業生を送ったスピーチのテーマとして知られる。テスラやP&G、デュポン、ネスレが標榜していることでも有名だ。「存在意義」と訳されることが多い。今は、どれほど広告やプロモーションによって商品やサービスを語ったとしても、消費者の心には届きにくくなっている。しかし、企業がそれらをアウトプットする背景には、社会に対して提供したい価値があるはずだ。

アメリカのリンクトインが、二〇一六年七月に三〇〇〇人のビジネスパーソンに実施した調査がある。「パーパスに共鳴できるなら給与が下がってもよい」との問いに、四九％がイエスと回答した。ミレニアム世代は金銭的インセンティブだけでは動かないとされる。「パーパスが人生の幸せを創造する」と述べるザッカーバーグに共感するであろう、彼と同世代のリアル店舗で中心的な役割を担う販売員たちは、所属企業のパーパス・ブランディングに飢えていないだろうか。日々顧客と向き合い汗をかきながら、リアル店舗が永続的に必要とされているのか自問自答している。企業は、その答えを社内外へ明確に示す責任がある。

そのためには、インターナル・コミュニケーション（企業内広報）による従業員へのパーパスの共感を醸成するとともに、プロフェッショナルの知見を活用した、企業の本質的価値を訴求するPR戦略が求められる。広報に対する学術的な見識に乏しい上、昔ながらのノウハウに固執したこれまでの「戦略」では遅々として進むことはないだろう。広報戦略をマーケティングの肝に据えた、経営戦略の立案および営業政策の推進が求められる。

旅行会社はリアル店舗を通じてどのようにして社会の一翼を担うのか。市場が成熟化していて機能での差別化が困難状況から脱却すべく、消費者との距離を近しいものとするためのパーパスを示し続けなければならない。

2 《ケース》テレビ通販による旅行販売の取り組み

二〇一八年は、新たな旅行サービス元年だった。スタートアップ各社による旅関連のサービスが相次いで市場を賑わせた。後払い専用の予約アプリ「ＴＲＡＶＥＬ ＮＯＷ」や、ＬＩＮＥで簡単に相談から予約ができる「ズボラ旅ｂｙこころから」のローンチは、とりわけ衝撃をもって迎えられた。ＩＴ系プレイヤーが市場への進出を図る中、ツーリズム業界でテレビショッピングを通じた旅行商品を販売し始めた企業がある。今、なぜマス媒体を活用した通信販売で消費者へリーチするのか。そこには、それぞれの企業が提供する本質的価値をより多くの人々へ伝えたいという考え方が存在する。全船貸切クルーズ商品を販売する「ジャパネットクルーズ」、ホテルや現地での食事にフォーカスを当てた北海道や東南アジア方面のパッケージツアーを販売する「阪急交通社トラピックス」。両社のキーマンにサービス連合情報総研が聞いた。（取材日：二〇一八年一一月九日、敬称略）

〈取材対象者プロフィール〉

荒木《あらき》辰道《たつみち》さん

株式会社ジャパネットサービスイノベーション旅行サービス事業本部　クルージング企画戦略部部長。株式会社ジャパネットホールディングスは、二〇一七年七月に第一種旅行業を取得。欧州最大のクルーズ会社が運行する「ＭＳＣスプレンディダ」を全船貸切した日本一周クルーズ旅行は、実施した一〇月の二日程とも三〇〇〇人超を集め完売。一九年には、日本一周チャーターを六回実施する。テレビショッピングではお馴染みのＭＣも乗船し、生放送中に中継を繋いで魅力を伝えるなど、「商品の最大限の価値を伝える」を実践している。

上枝統志《うええだつなゆき》さん

株式会社阪急交通社　総合戦略室課長。

二〇一七年九月からＢＳや地上波地方局で約三〇分番組の枠を確保し、旅行商品の販売を本格展開する。これまでは新聞広告が中心だったが、視聴者の多いテレビを広告の柱に育てる。番組の制作費用や時間はかかるが、「映像で旅のイメージがしやすくなり説得力が増す」強みを活かし、取り込めていなかった新たな層の集客を見込む。

大胆な挑戦の裏に存在する戦略とは

――客船「ＭＳＣスプレンディダ」を丸ごと貸切ったクルーズが始まりました。

荒木「全船貸切は初めての試みでしたが、三年ほど前から準備を進めてきていまして、最初は受託販売、次に第一種旅行業免許を取得し、全船の半分ほどのブロックチャーター、そして今回の提供へと至っています」

――販売対象の客室総数が一六三七ですか。リサーチや研究を重ねた上でのリリースとはいえ、大胆な取り組みでしたね。

荒木「弊社の企業理念とビジネスモデルを前提として事業を進めました。弊社のことは家電販売でご存知かと思いますが、実はそれほど多くの商品数を取り扱っていません。特定の商品についてロットを大きく仕入れる『少品種大量販売』がベースになっています。その考えを旅行に当てはめて、大型客船のクルーズ旅行を選定したというわけです。映像的なインパクトは確かにありますが、そのことに固執していません」

図 4-3　クルーズのテレビショッピング

「それに、弊社は世の中に知られていない良い商材に注目しています。クルーズは、海外では非常に認知度が高いものの、日本ではクルーズ元年とされる一九八九年から利用者が伸び悩んでいます。旅行商品として魅力のあるクルーズを我々なりに磨きをかけて、消費者の皆様へ提供できればと考えました。良い商品の提供を通じてお客様のライフスタイルを充実させるという考え方がピンポイントでヒットしたのかと思います」

――ネットやカタログを通じて申し込んだ方もいるでしょうが、偶然クルーズ商品が番組で紹介されて電話される方が多かったのですか。

荒木「そのように思います。旅行に行きたいと考えている方に対象を絞ったマーケティングではなく、まだ一度もクルーズ旅行を体験されていないお客様にも魅力を伝え、クルーズのもたらす楽しさを提案したいという想いのもと、マスに訴えかける方法を採っています。『いいかも？　行ってみようかな！』という衝動に駆られるような」

――そのモチベーションは、御社のブランド力によるところが大きいと考えますが。

荒木「確かに三〇年培ってきたお客様からのご支持はあると思います。会社の考えとして、商品を売っているというより、お客様の『今』を楽しく豊かにするという柱があり、そのための商材と位置づけています」

「加えて、他の旅行商品の販売形態とは異なるスキームが奏功した点もあります。告知↓説明会↓内容説明↓受注という流れではなく、お客様にテレビ通販で魅力を伝えることが説明会の代わりになって、その後お申込みいただく。元来『説明型商品』とされるクルーズですので、その説明から入ることでさらに魅力が伝わったと思います」

――バンコク四日間の旅を五万九九〇〇円で紹介するトラピックスさんの番組をBSで拝見しました。新聞出稿、ＤＭ・冊子の送付による消費者へのアプローチが中心かと存じますが、テレビ通販をこれより前に検討されたことはありますか。

上枝「媒体に映像を加える発想はこれまでにもありました。新聞紙上やＤＭでご紹介していたものを、動く映像と音で紹介できることのインパクトはどれほどのものになるだろうかと。ただ、費用対効果を懸念して躊躇していたところはあります。テレビ番組の企画としてタイアップで放送してもらうのと、干渉されず好きな内容で放送できる代わりに自社で放送時間枠を買い取るのとでは差が大きいですよね」

――今般実現に至ったのはどういう経緯なのでしょう。

上枝「リスクは増えるものの、可能性から発想を広げてチャレンジしました。それに、地方であれば費用は安価で対応できる。カバーできない都市部はBSでフォローすればよいだろうという判断も手伝いました。結果として全国に向けて放送できるので、弊社が国内各地で設定したツアーを一元化し、各地からタイで合流するツアーを造成する発想に変えていこうとする動きにも繋がりました」

「総合戦略室が業務の一環として進めているので、まだまだよちよち歩きの段階です。まだまだ『勝ちパターン』を探っているところです」

「とはいえ、相応に反響はあります。例えば、現地でタイカレーをレポーターが美味しそうに食べて、それをスタジオのMCと掛け合いをする。そんなライブ感やシズル感といったものを通じて、旅行の魅力がお客様にダイレクトに伝わっている印象です」

――ジャパネットさんの番組では、MCの方が実際に乗船されているお客様へインタビューするシーンが放送されていました。

荒木「いわゆる『コト消費のライブ感』を味わっていただけているものと思います。実際の生の声は強いですね。実際のお客様の声が直接聞けることで、安心感も醸成されると思います」

上枝「安心感というところでは、添乗員同行という要素を私たちは強く出しています。リポーターがお客様となって、どういったサービスを受けられるのかを実際にお伝えします。例えば、どんなお店で食事ができてホテルの部屋の広さはどれほどかといったことを映像で具体的に」

――初めてのクルーズには不安な方も多いと思います。

荒木「質問やご不安に寄り添った対応ができるように、お客様をお申込み前から当日までサポートする専門チームを設けています。チームの者は実際にあらかじめ乗船したり、寄港地を視察したりして経験を積むようにしています。最終的には実際に添乗し、接客する。こうした一気通貫したサービスは安心感に繋がると考えます」

「お客様の声をもとに、船会社と連携して回を重ねるごとに品質改善をしています。スタッフ、食事、エンターテインメントなどに対するお客様の声を一つひとつ確認し、改善に努めています」

コミュニケーション媒体の特性

――ユーチューブなどの「スマホ動画」ではなく、なぜテレビなのか。それに、ティックトックやデリッシュキッチン、シーチャンネルなど、動画も短尺が全盛です。

上枝「じっくり内容を見て、納得してお申込みいただきたいという考え方に基づきます。映像の力を借りて詳しく説明することを目的として始めたテレビ通販ですが、特に『スマホ動画』と天秤にかけていません」

「毎分単位で計測される視聴率の遷移を分析して、視聴者が離脱したシーンについては把握しています。情報番組の『画《え》』としての面白さと旅行商品をお買い上げいただく行動はパラレルではないといったことなど日々学んでいますね」

「当社は顧客層の中心がシニアです。ネットを苦手とされている方のほうが多いのではないかと捉えています。とはいえ、将来的には対応を検討することになろうと思います」

荒木「ネット動画も含め様々なメディア媒体を使っていますが、消費者のテレビ離れは多少あるとは思うものの、ネットフリックス等の動画配信サービスも含め選択肢が広がっているわけです。そうした選択肢に対応する一つとしての位置づけですね」

――カタログやチラシといった紙媒体での通販をどのように捉えていますか。

上枝「印象には残るものの、映像は一瞬です。旅行は、どこからいつ出発して、どちらへ出かけて、何を食べて……といういくつかの要素を総合的に判断されてお買い上げいただくものです。映像でシズル感を、紙で契約内容を、それぞれの確認を併用いただいて、お買い上げいただいているのかなと思います」

荒木「映像は記憶に頼るもので、紙媒体は情報が長期保存できます。どちらにも良いところがありますよね」

「弊社はテレビショッピングが中心と思われるかもしれませんが、カタログやECサイトなどそれぞれの媒体からお申込みをいただいています」

顧客と紡ぐストーリー

――少し話は反れますが、ショップチャンネルでBMWがEV車のテレビ通販を行うそうです。

荒木「実は弊社でも過去にEV車を販売したことがあるので、興味深いですね。ディーラー販売が既定路線だとしたら、新たな媒体戦略ですね」

「テレビがデジタル化したのと同様に、EV車が本格的に浸透する過渡期にあたる今、シナジーを与えていく展開だと思います」

上枝「荒木部長がこれまでにおっしゃった内容と同様に、『これを買うとこんなに生活が豊かになる』とストーリー性に訴えてくるだろうと思いますね」

――他の旅行会社にはない、お客様との関係性における強みとは何でしょう。

上枝「業界で成長著しいのはOTAさんですよね。彼らの販売は消費者の『目的』から入っています。泊まりたいから、宿を探しているからクリックしてもらえるわけです。阪急交通社はその逆です。提案が既にパッケージングされています。『お荷物ひとつでお越しいただければ、あとは安心してお連れいたします』というところです」

「カウンター数は少ないですが、メインの顧客層にリーチすべく『たびコト塾』というサロンの運営をここ数年行っています。旅行に役立つ英会話やプロの写真家によるカメラ講座といった、直接旅行を販売するわけではない場の提供です。新しいことを吸収しようという意識が高く、習い事を成就した暁に旅行へ出かけていただけるきっかけづくりができればいいなと思います」

荒木「旅行会社の店頭営業には地域密着型の強みがあります。それに、信頼する方から勧められることには格別の安心感があり、ＣＲＭの観点で顔が見えるのは強いと思います。一方、弊社はそうしたことを店頭以外での実現を図っています。先ほどお話ししたとおり、お申込み前から当日まで専門のサポートチームがお客様に寄り添うわけです。旅行当日もその社員が乗船し、お客様をもてなし、コミュニケーションを取ることで、お客様との関係を深めていると感じます」

――結びに、今後の取り組みについてお伺いします。

上枝「テレビ通販は、最初にアジア方面から進めてきましたので、今後は国内旅行、そして当社が得意としているヨーロッパで力を発揮できればと考えます。今後も新聞出稿と並行して進めていきたいと思います」

荒木「旅行業としては始めたばかりですが、今後もお客様の声を大切にして、お声をいただいたことに対して改善を重ね、より良い商品を提供できるように努めたいと考えます。おかげ様で、回を重ねるごとに満足のお声も上がってきています。これを継続して展開できればと思います」

「今を生きる楽しさ」を様々な商品やサービスを通じて提供するジャパネットクルーズ。旅のイメージや安心感を説得力ある映像で見せる阪急交通社。両社とも、社会における企業としての存在意義を、テレビ通販で「旅」を売ることによって表現している。その際、いかにして「企業が伝えたいこと」を、受け手にとっての「聞きたいこと」に転換できるかは、マーケティングにおける情報コンテンツ活用の肝と言える。受け手にとって有益な情報であったり、思わず見たくなるようなエンターテインメント性を帯びていたり、あるいは企業が伝えたいことに消費者の関心を向かせるための土壌を予めつくりあげたりと、情報やコンテンツには磨きをかけ続けなければならない。苦労は伴うものの、一度ロイヤルティを獲得できれば、マス・マーケティングから次の段階たる、ファンを対象としたトライブ・マーケティングへと段階を進められる。まずは、企業ならではの価値を消費者へしっかり届けるところから始めたい。

参考文献

神田達哉「相談料徴収への問いかけ」『週刊トラベルジャーナル』二〇一九年六月二五日号。
「テレビ通販で旅を売る」『ＳＱＵＡＲＥ』第一九二号、一般社団法人サービス連合情報総研、二〇一八年。

第5章

共感マーケティングの実践

神田達哉

需要喚起から旅行申込そして体験のシェアに至る、一連の旅行プロセスをフルカバーするＩＴ系プレーヤーが市場を席捲するまではいくばくもない。旅行会社のリテール事業においては、すべての過程において顧客ロイヤルティ醸成に至る信頼を勝ち取り、プロセスをできるだけ高頻度かつ深みを持たせながらループさせることが肝要だ。そのためには、何と言っても消費者へニーズを最初に喚起可能なコミュニケーション策を獲得しておきたい。

株式会社ａｔｔａの調査によって、「友人や知人、家族からのオススメやクチコミ」を参考にする人が半数を超え、次いで、インターネット検索を経て旅先を決定する人が多いと示された。憧れの有名人よりも自分に近しい人の声が動機づけになりやすい現象は、理想とされるインフルエンサー像の変容とも重なる。また、旅行に行きたいから情報を求めるというよりも、旅行に行こうかなというときに、ふと雑誌や本、ＳＮＳのストーリーやタイムラインで目にした感動した場面を思い出すことが動機づけとなりやすいことも示唆している。本章では、インフルエンサーマーケティングに始まり、旅行中の体験と情報のシェアを一つのプラットフォームで実現した新たなタビナカのサービス、そして旅行者の行動データからニーズを探るデジタルマーケティングについての事例をそれぞれ紹介する。それぞれの強みを一気通貫して提供できればこの上ないが、デジタルツールを活用しながらも「人」がどのように関わるべきかを示唆するケースを通じて検討したい。

1　《ケース》タビマエにおける需要喚起

「若い女性の海外旅行に対するモチベーションは、ゼロ」――令和の時代に入っても注目を集め続ける、コンテンツメーカー・ゆうこす（菅本裕子さん）はそう話す。元アイドルにして、会社社長。個人の影響力を活用した「インフルエンサーマーケティング」の話題では、必ず彼女の名前が出る。スキンケアブランドに続き、旅サービスのライブコマースを始めた。展望、そして旅行会社のリアル店舗の存在意義についてサービス連合情報総研に語ってくれた。この節では、一つの旅行ニーズ喚起手法について示す。（取材日：二〇一八年一二月一九日）

〈取材対象者プロフィール〉
菅本裕子《すがもとゆうこ》さん
一九九四年、福岡県生まれ。二〇一二年にアイドルグループHKT48を脱退後、タレント活動に挫折しニート生活を送るも、一六年に自己プロデュースを開始、「モテクリエイター」という新しい肩書きを作り自ら起業。現在はタレント、モデル、SNSアドバイザー、インフルエンサー、ユーチューバーとして活躍中。一〇～二〇代女性を中心に自身のインスタグラムやユーチューブチャンネルで紹介するコスメ等が完売するなどその影響力は絶大であり、ライブ配信中に商品を販売するライブコマースにおけるパイオニア的存在。

ライブコマースとは、生配信動画を見ながら商品を購入できる仕組みである。テレビショッピングがインタラクティブ化したイメージで、リアルタイムで販売者に質問やコメントをしながら買い物ができる。双方向のコミュニケーションが存在するので、商品のことを深く理解できるのが特徴。生放送ならではの臨場感もある。

「SHOWROOM」「Live Shop!」などのライブコマースアプリが存在するが、ゆうこすは、「インスタライブ」で配信している。視聴者の八割が女性である。

彼女が運営する「TaVision（タビジョン）」は、旅先で商品を買い付ける様子を配信し、選んだものを生放送で販売。配送も自身たちで行う。ファンとの関係を作り、六〇分のライブ中継を見てもらうために、販売の配信以外にコミュニケーションを取れる機会を持つ。そのために旅のリアルな情報を発信。その目的が、①海外旅行に対する不安に寄り添うこと、②出演者と一緒に旅に行って楽しむ感覚を味わってもらうことである。

ライブコマースについて

――「TaVision」は、若い女性の旅への不安に寄り添うことを目的にされています。海外旅行に対するモチベーション自体はあると思いますか。

「ゼロだと思います。配信を見始めてくれる最初の頃の様子を見ると。日本の中で何でも充実しているので、わざわざ海外に行く意味がないといったコメントが多いんですよね。でも、私ももともとそうだったんです。誰よりもその考えでしたね」

「その後、私が変わった理由は、アイドル時代に半強制的に海外へ仕事に連れて行かれたときに、海外の良さだったり、旅行の楽しさだったりというのを知ったからです。なので、まずは私みたいに半強制的に行かせないと楽しさってわからないよなと思ったんですよね。実際に行っているわけではないですが、生配信で半強制的に、画面越しに行ってもらっているわけです」

「そうすると、『旅行なんてまるで興味がなかったけど、半強制的に『カッコ仮（仮）』みたいな感じで一緒に行ったような感覚になれて、安心安全なところを生配信で紹介してもらえて、今度行ってみようと思った』と言って、そのときは韓国に行ったのですが、その後、私が行ったお店に『行ってきました！』という投稿がわりとあって、良かったなと思いました」

――それは、ゆうこすのファンだから気持ちに変化が出たのでしょうか。

「その要素もあるとは思います。ただ、それよりも生配信の力が大きいかと。『TaVision』って、最初は生配信なしでやっていたんです。すると、どうしても憧れ止まりというか、「旅っていいんだね」という客観的にしか捉えられていない状況でした。生配信なら、自分の声も拾ってくれながら、あたかも一緒に行っているような感覚になれるというのが、信頼している人が行っているというのも大事ですが、一番重要なのかなと思います」

――生配信の良さについてもう少し教えてください。

「旅って、旅好きな人には想像もできないような、私たち『旅苦手勢』からすると不安がたくさんあって。例えば、飛行機の取り方も私わからなかったですし、言葉は通じないし、お会計はどうするんだろうと。本当に些細なところでつまずいているんです」

「韓国でごはんを食べていたときに、『このお店には日本語のメニューがあるんですよ』とか『店員さんに日本の方がいらっしゃいます』と留学しながらアルバイトをしている方に動画に出演してもらったら、『安心しました！』というコメントがたくさん来るんですよね。そして、ただ見てもらうだけじゃなくて、『皆さん、どのメニューを注文してみたいですか？』って選んでもらうんです、生配信の中で。そうすることで、本当に一度行った気分になれると。それで、しばらくするとちょっと物足りなくなってくるんです。『そこで右向いてください』とかいわれて向きを変えたら、『あ、そんなふうになっているんですね！』とか。まず一歩を踏み出せたから不安が払拭されて、今度は実際に行きたくなるんじゃないかな」

――パンフレットや一方的に配信される動画では、不安が解消されにくいということですね。

「想像しやすくなりますよね、生配信の方が。ただ、生配信以外の動画もうまく活用はすべきと思っています。テンポよく見ることができるし、ユーチューブにアップしたら拡散性もあるので。それを踏まえて、『もう一歩踏み込んだ疑似体験をご一緒に』という感じで、何時何分になったらここにライブの動画を見に来てくださいねと伝えられれば。今後は、生配信を見に来てくれた人向けに、何パーセントオフとかでホテルの部屋を予約できますよといった企画もできればなと考えています」

新たな旅行サービスについて

――二〇一八年は旅行関連のスタートアップ企業が相次いで市場に参入してきました。

「ズボラ旅に、CASHさんのTRAVEL Now、それにLINEもですよね。他にも本当にどんどん入ってきた印象です」

――ただ、オフライン系の現役旅行会社社員でそうした状況を知らない人は少なくありません。

「本当ですか？　なんでなんだろう。競争相手のことが気にならないんですかね。それこそ、情報を敏感にキャッチした若手社員が先輩へ教えてあげて、対抗できるようなサービスを始めようとはしないんですか？」

――新しいことを販売の現場で思いついても、それが実現できるかというと難しいですよね。目の前のお客様への業務に追われて、別の領域へチャレンジしようという気概は持ちにくい風土なのかもしれません。ただ、ズボラ旅は基本的に店頭と同じサービスをチャット型にリプレイスされているものです。

「あのサービスはうまいですよ。それに大好きなんです、創業されたアリコー（運営会社代表取締役・有川鴻哉《ありかわこうや》）さんのこと」

――ズボラ旅がヒットしたのはなぜだと思いますか。

「まず、ネーミングですよね。今の若い子たちとか、旅行へ行かない層には、ズボラって名前がとてもキャッチーだと思います。まだ相談や申込をしたことはないんですが、全部お任せで旅に出ようというコンセプトも響きます」

「それに、みんなが使っているＬＩＮＥを旅行相談のプラットフォームに使っている点も強かったのかと。私たちの年代や旅へ行かない人にとって、旅行会社のお店に行くのは相当なハードルがあるんですよ。お店で何を売っているのかとか、どうやって申し込んだらいいのかとか、わからないことが多すぎて。そこをスマホ上で溶け込むように相談できるというのが一番ですね。これをＪＴＢが、ズボラ旅ｂｙＪＴＢというようなサービスをＬＩＮＥでやられたら、さすがに勝てないでしょうが（笑）」

――ＡＩスピーカーを活用したり、パッケージツアーの相談でチャット機能を展開したりといった会社はありますが、同じことはできないでしょう。とはいえ、オムニチャネル戦略推進の意思が本当にある企業なら参考にすべきと思います。

「そうですね。あとは、ブランディングがしっかりされている企業が運営していれば、安心感がさらに増すと感じるんですよね。私たちのサービスの話にはなりますが、『ＴａＶｉｓｉｏｎ』で視聴者に影響力のあるインフルエンサーが呼びかけると商品を購入してくれるのと同じで」

旅行会社のリアル店舗について

――旅行会社へ行くのにはハードルが高いというお話がありました。もう少し聞かせてください。

「まず、行ったら契約しないといけない雰囲気があって、そこに抵抗があります。一対一ですし。それに、行った人の声とか姿が見えないので、口コミじゃないですが、どういう人が旅行に行ってどう思ったのかがわからないのが不安です」

「あとは、旅行会社で販売しているツアーって色々決められていそうで何だか怖いなって思います。ある程度自由にとか、ある程度ズボラにっていう感じがなさそう」

「何といっても、行くのが単純に面倒くさい。今って、『アマゾンダッシュボタン』で何でもボタンをプッシュすれば家に商品が来る時代じゃないですか。めちゃくちゃ使っているんで、家にはピアノの鍵盤かというくらいにたくさんあるんですが（笑）。押せば届く時代に、何でわざわざ店に行かなきゃいかんのやというのはあります」

――そこへ行かないと買えないものは確かに減りました。試着が必要な洋服や靴だって、サイズが合わなければ無料で交換してくれるオンラインショップが一般化しているほどです。

「それでいうと、いま私たちは試し旅をスマホでしてもらっているという感じなんでしょうね。お店に行ってすることが基本的にスマホで完結してしまうのだから、お店の中でサービスを求めるということ自体、そんなにないのかもしれません」

「だから、相談とか申込以外のところのサービスに期待したいんですよね。海外旅行をするときの不安の一番の要因は言葉だと思うので、例えば何かわからないときに電話を替わってくれるサービスとか、常に一緒に行動してくれるとか。あ、さすがにそれは面倒くさいか（笑）。顔が見える方がいいから、テレビ電話で話せるようなサービスはあったら嬉しいですけどね。規模が大きすぎるから、スタートアップやベンチャーでは対応できないし、そういうところに目を向けてくれるといいな」

――旅行会社のお店に行ったことは一度もないんですか。

「ありません。行ったら、パックを紹介してもらえるということなんですよね?」

――それもありますし、オーダーメイドで飛行機やホテルを希望に沿って組んでいくこともできますよ。

「そんなのあるんですか！　まず、それを知らないと思います。感覚の話になってしまうんですが、今の若い子たちはたぶんみんな知らないと思います。旅行会社の人からしたら当たり前なのかもしれないですけど、オーダーメイド旅の打ち出しを若い子に向けてしていったらかなり喜ぶと思うんですけど。今更そんなこと『なんでやねん』っていわれそうですけど」

――一度もお店へ来られたことがなければわからないですよね。仰っていただいたようなことがアピールできれば、お店に来ていただけるかもしれないですか。

「そう思います。行く動機になると思いますよ。いやぁ、行きたい場所を自由にカスタマイズして申し込めるなんて知らなかったです。そんなことができるなんて……。ワンストップで、飛行機手配してホテルを取って、電車も、って、本当にズボラ旅じゃないですか、それって」

――他にもお店への抵抗感を感じる理由はありますか？

「旅行会社ってマス向けですよね。老若男女問わずみんな来てくださいという感じがしているんです。だけど、それってちょっと行きづらくしているんじゃないかなと思っていて。自分と同じような人が来るんだとか、どんな人が旅行に行くのかなとか、横の人が気になる。そこが、ある程度年齢が絞られている方が、店へ行く側って安心するんじゃないかなって思うんです」

「私、今までいろんなイベントをやったんですが、チケットの完売までが一番早かったのが一八歳限定イベントのときだったんです。最初、一八歳限定イベントを一週間で三〇〇人集めろといわれて。イベント自体が一週間後だったので、チケットを販売できるのは実質三～四日しかなかったんです。そんな状況で三〇〇人。せめて条件を変えてくださいといったんですが、どうしてもイベントの趣旨上無理で。リクルート的なイベントだったんですが、一八歳じゃないとダメっていわれて。相当揉めました。無理じゃないですか、そんなの。あきらめ半分で、告知しますけど集まるかわからないですよといって受付を始めた瞬間ですね、一八歳の三〇〇人が五分で埋まったんです。この話はイベントのことですけど、同じ場を共有する人のことって気になるものなんですよね」

「特に若い子たちの間で、ティックトックという動画のコミュニティが急速に衰退していってます。その理由は、五〇歳代のオジサンたちが若い子見たさに入ってきたからなんですよ。『インスタ映え』

なんて、もう今誰も気にしてないし使っていないのは、ニュースでオジサンたちが取り上げだしたからです。若い子、特に中高生あたりって、オジサンやオバサンの影が自分たちのテリトリーに入ってきたら嫌がるんですよ。最先端じゃなくなっちゃうわけなので」

「そう考えても、やっぱり年齢はある程度限定した上でその人たちに響くコンセプトをもっと出せばいいと思いますよ。例えば、『JTBティーンズ』とかつくって、一〇代むけのカスタム旅とかやったら、売れると思うんですよね。ジャストアイデアすぎるんですが」

――お客様を明確にセグメントした店舗は聞きません。ヨーロッパ旅行専門店ですとか、販売商品を特化した店はありますが。そちらは、欧州各国の知識や渡航・滞在経験が豊富な真のプロ揃いだから、成約率も単価もずば抜けているという報道がありました。

「それも、世代別とは違いますけど、自分と同じ『境遇』の人が集まる店って感じられる要素があるんでしょうね。まぁ、何よりネットではわからないことを答えてくれる安心感とか繋がりのようなものが漂っている感じがします」

「繋がりといえば、意外と若い子ほど繋がりを求めているなという気がしています。私たちの世代って、フェイスブックやミクシィをほとんど経験していないんですよね。私も少ししたくらいで、フェイスブックなんて、オジサンがやってるよくわかんない実名のやつでしょ？って感じです（笑）。そういったSNSですけど、使えば使うほど孤独になるとか今もいわれていますが、SNSで繋がれるんだということを私自体は発信をしはじめてから気づいたんですが、わかっていないと思います。

『自分と同じ趣味の人が学校にいないから孤独』なんていうけど、『そんなのSNSで探せばいいじゃん』みたいに私は思うんです。やっぱり経験しないとわからないなとも思います」

「なので、例えば、二〇代のチョコレート好きみんなで食べにいこうというバスツアーみたいな企画はどうですかね。そこに、チョコレート界では神みたいなインフルエンサーが一緒に行く。そこである種一つのコミュニティが出来ちゃうツアーってすごく楽しいなと思います。旅に行く前からSNSのグループで繋がっていれば、旅に行くまでのワクワクが楽しめて、旅に行けば『あ、なんとかさんですよね』とかなったりして、旅が終わった後の関係性も育めるよみたいな。そういうのがあったらいいなと思いますけど」

――最近はあまり聞かなくなったサービスですけど、「トリッピース」のイメージですよね？

「え？　それ知らないです。（スマホでサイトを見つけて）すげぇ（笑）、なんじゃこりゃ。いいですねぇ。これ、私だったら……。もうちょっとデザインを若い人向けに変えちゃって、企画を募集する人たちはインフルエンサーを起用してやるべきですね。私が話した理想が実現できそう。こんなことだって大手でできるっていうのを発信してくれればなぁ」

旅に求めること

――旅のことは好きになりましたか？

「はい。ただ、私が好きになった理由はちょっと変わっていて。誰にも共感を得られないと思うんですが、私の場合は、みんなの不安を解消するために行っているので、私自体はまだ不安なわけです。でも、そんな不安を感じられるスリルがある意味楽しいなと思って。何が起きるかわからない感じとか、私は好きですね。それに、予定調和な行程どおりにガチガチで着々と進むような旅って全然楽しくない」

「でも、今の日本人って、みんなそういうことをきちんとしたいという人が多いですよね。電車は時間ぴったりに来るし、バスだってそうですよね、日本は。一～二分遅れるだけでクレームでしょ？確実な世界で生きすぎですよ。ホントにギスギスしてる」

――行程やご案内したことが「合っている」か、旅行中にチェックマークをつけていくような旅行しか楽しめない人が増えているのかもしれません。不安要素の中でも、自分の思いどおりにいかないと怖いとか嫌だとかといった面から、一歩が踏み出せないのでしょうか。不安を楽しむという考え方は広がらないでしょうか。

「なかなか、特に私より年下の子には難しいかな。それまでの人生に挫折経験がなかったり、すべてある程度思いどおりにここまで来ていたりするからというのもあるかもしれません。いろんなことを許せてしまえる余裕がないとでもいうか」

「今って、小学生がユーチューブに残すコメントなんかが、相当ヤバくなっていて。ちょっとした面白くないことがあっただけで、人を殺すかっていうくらいの勢いの文章を書いているんですよ。『そんなの些細なことやん』ということだって、たくさんあって。今のは少し幼い子の話ですが、やっぱり、大人になるまでに大きなつまずきがなかったからこそ、そうなってしまっているのかな。だからこそ、一度みんな旅に行くべきですよね。一回行ってこいよという感じです」

「みんな旅に行ったら、もうちょっとハッピーになるんじゃないかな。今まではカリカリしていたことも許せるような余裕ができそうですよね。つまらん理想論を語っているかもしれませんが。子どもが生まれたら、旅行行かせようっ（笑）」

――今の社会、やはり窮屈に感じますか。

「実感として昔の頃との比較はできないですが、生きづらい感じはありますよね。それが当たり前になってる。私はアイドルを辞めるときにネットで炎上しまくって、それからニートを経験しているので、今、何を失敗してもいいやという気持ちで常にいます。ただ、妹を見ていたら、年が離れていて中学三年生なんですが、すごいですね、SNSでのバトルが。スクールカーストの上位にいるためには、インスタが必須みたいで。大変だなって見ています」

「私はちょうど、フェイスブックやミクシィというコミュニティSNSと個人発信SNSの狭間くらいの世代ですが、どっぷり個人SNSの子とかを見ていたらかわいそうですね。格付けし合いですよ、そこで」

「女子同士なのでマウンティングはあるんですが、まぁ質が悪い。妹は、割と引っ込み思案な方で、強くいえないみたいなんです。ゆうこすの妹ということは周りのみんなから知られていて、『ゆうこすの妹なのに』っていわれるのが怖いみたいで。口を開くと、アイドルグループ・TWICE（トゥワイス）のグッズを買わないとみんなに付いていけないとか、早くインスタにアップしないととかって……。こっちにしてみれば、『えっ？』『なんやそれ』って。そんな狭い世界、早くどこかに逃げればいいのにって思うんですよね」

「すいません、旅の話からは反れましたが、旅行会社に行こうとか旅に出ようってモチベーションが湧かない気持ちについて、大きな会社の偉い人には理解しづらいかもしれないけど、そういう考えがあるのかとか、そういう人が今度人の親になったらその子がどういう日常を過ごすのか、なんとなく理解はしてくれなくても認識してくれた方がありがたいかもしれないですね」

今後のゆうこすについて

——今後は旅行を「ＴａＶｉｓｉｏｎ」で販売していきたいと伺いました。

「まだ具体的な事業化のところまではいっていないですけど、展望としてはあります。出資したいと言ってくださる方もいるので、何とか実現したいですね」

「そのように考えることの前提がありまして。今の若い世代は、情報の取捨選択能力がありすぎて、これが本当なのかうそなのかと見抜く力が半端なく強いというのがあるんです。先ほど拝見した旅行会社さんのパンフレット。載っている写真に、どれも『イメージ』なんてエクスキューズ入ってるじゃないですか。怖いですよ、こんなの。行った人の声もないから、こんな美しい風景見られるの？って疑いから入っちゃいます」

「テレビでスイーツ屋さんを取り上げていて、そのお店に実際行ってみると、全然見たものと違うものが出てきたことってありませんか。あと、私よく韓国のことを紹介するサイトなんかを見るんですが、行ってみると、書いてあることと全然違うとか結構あったんです。こういうサイトだけでは、口コミがないと怖いなと思うこともあると思うんですよね」

「私たちは先に旅を、例えば京都に行くなら行くで、先にこの旅の様子を全部生配信で発信していて、そのシーンの最後に、じゃあ今回の旅のツアーを売りますということをしたいんですよね。ファンでいてくれているから、うそはないと思ってくれるはずだし、生配信で発信することで、リアルなものを見てもらえるというのがあると思うんですよね」

――あの企業だから商品を買うというよりも、この人がいうから買うという要素は響きやすいですか。

「その要素はありますよね。私がインフルエンサーとして一番憧れているのが、ジャパネットの創業者、高田明さんなんです。あんなにインフルエンスできる人っていないと思います。個人のファンが多いですよね。まぁそこは、今でこそ変わりつつありますけど、ジャパネット＝高田さんですよね、やっぱり。人の顔が見える企業というのは強いと思います」

「それに加えて、やっぱり口コミの要素は本当に大きいと思います。例えば、『TaVision』では、今はやっていないですが、生配信をしながらリアルタイムに写真を発信していたんです。例えば、『嵐山のeXcafe（イクスカフェ）に来たよ』とリアルタイムに投稿したときに、この写真以外にもこういうのがありますよとか、ハッシュタグを押すことで他のeXcafeについての口コミなどの情報を見られるようにしているんですね。安くはないものを買うときって、やっぱりみんな口コミが欲しいので、こういうフォローがあることで信頼度がより増すんじゃないかなと思っています」

「日本人が一番インスタグラムで検索をするというのを聞いたことがあります。信頼度は高いんでしょうね。私たちのコミュニティに限らず、その世界にはお金が関与していないじゃないですか。一般の人の声には。なので、ダメなことも割と書いていたりもするんですよね。先ほどのお店の例でいうと、『これとこれは美味しかったけど、あれは失敗だったよ』のような。そんなところも信頼に繋がっているのでしょうね」

――新しい事業を始める前に、フォロワーさんを増やしたいかファンのロイヤルティを高めたいか。広さと深さだと、どちらを今は考えていますか。

「どんなサービスもメディアも人も、やっぱりまずは深さだと思います。『TaVision』は生配信をメインにやっているんですが、生配信を見るって、自分の時間を食われるわけじゃないですか。基本的にはコアなファンしか残らないんですよね。メディアの露出がほとんどない状態で、今『TaVision』だけでフォロワー数が一万五〇〇〇くらいまで上がってきて、みんな結構コアなファンになってくれたかなと思っています」

「そろそろ次の段階として、これからは多くのところにいろいろ広告とかをかけていって、ファンが広がればいいなと思っています。ファンも巻き込んでやっていこうとは思うんですが、私がいなく

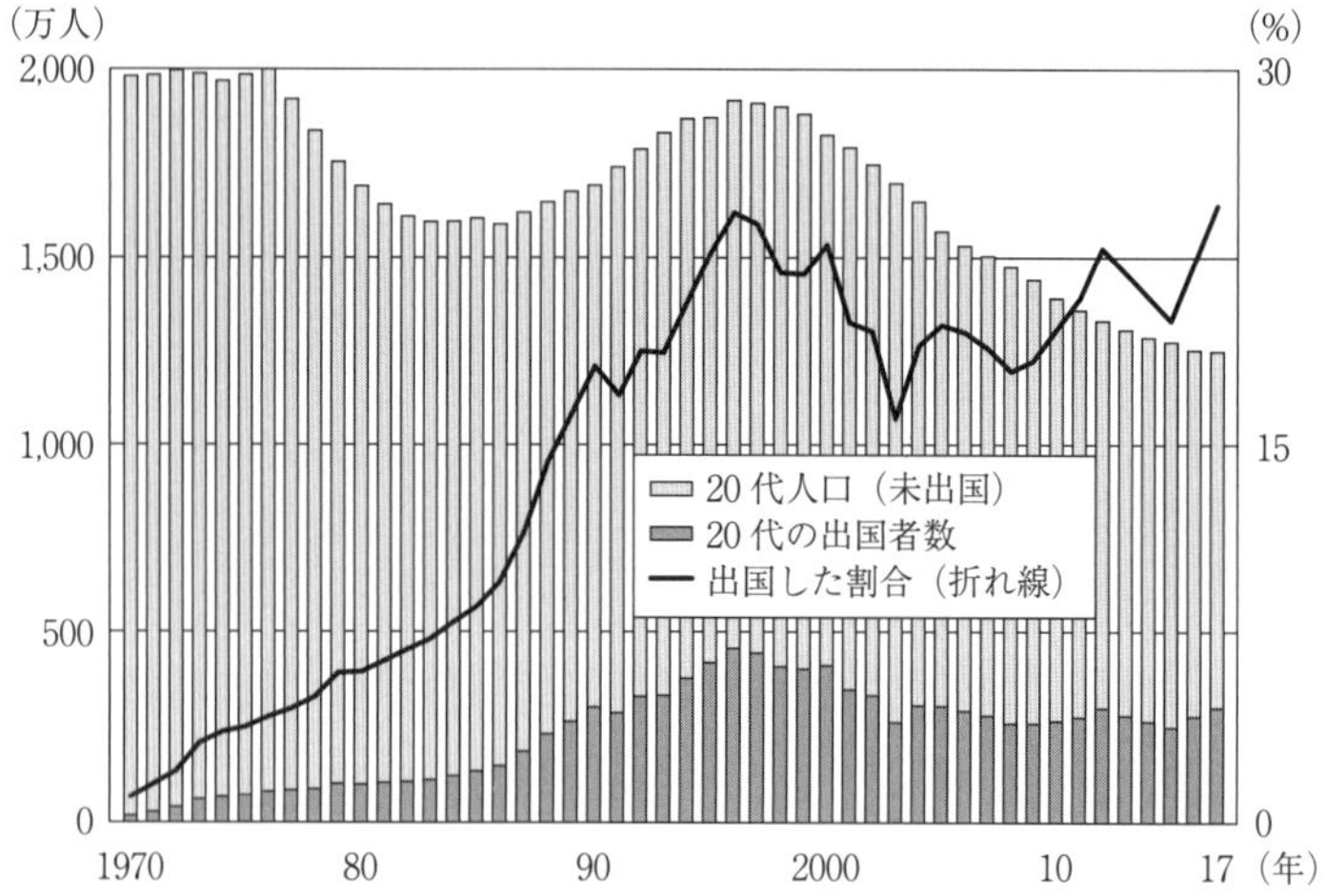

図 5-1　20代の出国者数の推移

出典：日経 XTREND「20代出国者減＝海外旅行離れ？　データで世界を正しく見る(3)」https://xtrend.nikkei.com/atcl/contents/watch/00013/00237/（2020年４月16日最終閲覧）。

なっても残ってほしいサービスなんですよね。ファンと一緒にフォロワーさんを使ってとか考えたら、こっちがコントロールできなくなっちゃうところもありそうかなと。普通にゼロスタートでやろうと思います。ただ、アカウントを見たときにもう一万五〇〇〇のファンがいれば、かなりの信頼に繋がるのかなとは思うので」

二〇歳代の出国者数が減少していると聞いて、脊髄反射的に「若者の海外離れ」をいまだ叫び続けるメディアがある。しかしながら、その時々の二〇代人口に占める二〇代の出国者数を計算する限り、そうした事実は確認されない（図５‐１）。「俺たちが若い頃は……」という世代ほど、口先だけで実際には海外旅行に行っていなかったのだ。現在、海外旅行促進策の多くが若年層をターゲティングしており、一部自治体はパスポート取得費用の補助を行ったり、渡航経験がない二〇歳の若者二〇〇名に、業界団体が海外体験を無料提供する企画を実施していたりする。一時的な金銭的インセンティブに限定した動機づけで、人は皆、行動変容にまで至るだろうか。どうすれば「旅」を他の消費と比べて魅力があると示せるのかという「魅せ方」について、旅行業界は本気で考えなければならない。

旅の情報発信基地だったリアル店舗の価値は、情報の非対称性が崩壊するのと時を同じくして圧倒的に衰退している。業界団体のトップは、「会員」と「富裕層」に店舗のニーズがあると経済誌で述べるも、それら以外の属性たる消費者の顧客化を断念していると標榜するに近しい。令和の時代に即した旅の動機づけを社会へ提供できずして、旅行会社の存在価値が向上する見込みは乏しい。

2　《ケース》タビナカにおける体験の深化

この節では、旅に「お手伝い」を乗じることで、地方活性化にトライするソーシャルスタートアップの取り組みを取り上げたい。人出不足やPR不足に悩む地方の旅館や民宿、酒蔵で、都心の学生が自分の得意分野を中心に「お手伝い」しながら地域の情報を発信することでお金をかけずに旅行ができる、新しい旅のモデル「おてつたび」。「お手伝い」を通じて地域の人と地域外の若者が出会い、地域のファンとしての関係人口を創出するWeb上のマッチングサービスは、数々のビジネスコンテストで評価された。ユニークな仕組みを生んだ若きイノベーターに迫り、地方創生にかける思いをサービス連合情報総研が聞いた。（取材日：二〇一九年四月一七日）

〈取材対象者プロフィール〉

永岡《ながおか》里菜《りな》さん

株式会社おてつたび代表取締役CEO。

一九九〇年、三重県尾鷲市生まれ。愛知県育ち。千葉大学卒業後、イベント企画・制作会社に入社。官公庁や日本最大手のEC企業をはじめ、数多くの企業のプロモーションやイベントの企画提案・プランニング・運営を一貫して担当。入社二年目で数億円規模案件の最年少プロジェクトマネージャーを務める。退職後は、農林水産省とともに和食推進事業を自身含め社員二名でゼロから作り上げ、コネクションゼロから全国の市区町村と連携し、実際に自分の足を運びながら業務を遂行する。その後フリーランスとして生計を立てながら、自分の足を使って日本各地を巡り、地域の課題や実情をヒアリングし、二〇一八年七月に、株式会社おてつたびを設立。

『おてつたび』のスキーム

——どのようにマネタイズされていますか。

「受け入れ先からマッチングの手数料をいただくビジネスモデルです」

——ということは、件数を稼ぐ必要がありますね。

「おっしゃるとおりです。ビジネスとして回していくためには必要な要素です。そういう意味では、小さく終わらせるつもりは全くありません」

「日本各地の魅力を知ってほしいと思いスタートしたので、そのためには広がることが必須だと思っています。長期的に事業を進めることを前提として、現在はノウハウの蓄積や、受け入れ先となる地域との関係性強化に努めています。アナログ的なアプローチではありますが、ブランディングも進行中です」

――宿泊施設や酒蔵といった受け入れ施設へはどのようにアプローチしていますか。

「観光業に従事する方からの紹介が多いです。どこも人手不足なので、お声がけをいただく機会が増えています」

「それに、まだまだサービス提供の初期段階でもありますので、紹介を通じて私たちの事業に共感してくださっている方が多く、取り組みのブラッシュアップにも協力いただいています」

――労働でもボランティアでもない「お手伝い」という枠組みにはこだわりを感じます。

「はい、とてもこだわりがあります。『親戚のお手伝いをする』などのように、対等で近い存在に双方がなってほしいという想いから来ています。ただ、『お手伝い』という言葉は、人によって捉え方が違うと思います。受け入れ先は『どこまで仕事をお願いしていいのか』だったり、参加者側は『もっと手伝いたいのに!』だったり。そのため、最初はそのすり合わせが難しく、一番力を入れました」

「『おてつたび』を通じて地域の『お手伝い』を希望される方たちには、必ず面談をしています。そのときには、私たちは体験というサービスを提供しているわけではないので、もし、農村体験とか農家体験といった職業体験がしたいのであれば、別のところでお金を払って行った方がいいかもしれないという話を必ずしています。地域の方と同じ目線でしっかり仕事をし、そして反省すべきことも共有するからこそ関係ができると私たちは思っているので、そこは了承してもらえる方にご利用いただいています」

――これまでは順調に進んでいますか。

「ありがたいことに順調に進んでいます。受け入れ先・参加者側、いずれからも問い合わせを多くいただいており、嬉しい悲鳴をあげています。マッチング数も伸びていて、双方の満足度も非常に高い状況です」

「時折、様子を見に顔を出すことがあるのですが、参加者が自然に『○○へようこそ』と話している姿を見て、思わず嬉しくなることも多いです」

――多様な「お手伝い」が存在するだけにマニュアル化は困難でしょうし、既に人手が不足している状態で受け入れ側の対応は機能しているのでしょうか。

「忙しいときほど、お互いのストレスが出やすいと思います。参加者側からすると、ちょっとのことを聞きたいだけにもかかわらず、逆にそれが地域の方の『負担になっているな』と感じて、一方、受け入れ先からすると、『放っておいてしまい申し訳ない』と感じることがあったりして」

「例えば、お皿洗いが終わった後に、そのお皿をどこに戻せばいいのかがわからない。『これはどこに戻せばいいですか』と聞くと、『あそこに置いておいて、後でやっておくから』って結局仕事を増やしちゃう。そうすると、役に立っているのかが不安になりますよね。ただ、そういうことは、『おてつたび』として何回かマッチングしていると、各旅館のお手伝い内容のノウハウが溜まってきます。ご一緒すればするほど、ここさえ押さえておけば大丈夫といった知見が、どんどん蓄積してきました。私たちは、双方がしっかりＷｉｎ‐Ｗｉｎになるモデルを作りたいと思っています」

――訪日外国人を対象としても面白いですね。

「そうですね。私たちが思っている以上に、彼らは日本人との触れ合いを求めているので、親和性が高いサービスだと考えます」

地方創生策についての考え

――日本版ＤＭＯ（Destination Management Organization：観光地域づくり法人）の動きをどのように捉えていますか。

「インターネットを中心に情報があふれている今、突き抜けた名物や名産がない地域の差別化は、ますます難しくなってきていると思います。東京にいると特に感じますが、私の出身地・三重県尾鷲《おわせ》市のお魚と、三陸のお魚の違いを、どれだけ叫ばれてもインターネットの情報だけでは正直わかりにくいです。とはいえ、地域の方の気持ちはすごくわかります。『うちの地域のコレが最高』とか、『うちは人が良くて～』などアピールしたい気持ちは理解できますし、実際にどれも本当に素敵ですが、なかなかインターネットだけでは伝わりにくいと思います。ただ、その地域に来てもらえば魅力がわかると私は信じています。そのため、まずは来てもらうというところがすごく重要だと考えています」

「最近は減りましたけど、バズる動画だったり、インスタスポットだったり、そういう一過性のPRのようなものは、その瞬間は効果があるのかもしれませんが、長期的に見たときに本当に地域のためになっているのか、疑問に感じるものもあると思います。地域のありのままが一番素敵だと思っていますし、四季豊かで様々な文化が育っている日本には同じ地域はないと本気で思っています。そのため、その地域の脚色しない、その地域の良さを知ってほしいと思います」

「いわゆる関係人口という言葉に近くなってくるのかもしれないですが、『お手伝い』を通じて、地域の人を通じて、地域の良さをインターネットではなく直接聞いたとき、気づいたら自分にとって特別な地域になっている、自然なファン（＝関係人口）になると思いますし、『おてつたび』を運営している中で実感もしています」

――永岡さんは、まずは来てもらうという仕組みづくりから始められたわけですね。

「はい。よその人の目が入って、はじめてそれが光だと気づくことがたくさんあると思います。ですので、まず来てもらうというのには意義があると考えます」

「その根底には、私自身の経験によるところも大きいです。幼少期は尾鷲で過ごしましたが、育ちは愛知です。愛知に移ってからも、尾鷲に帰って様々な場所を訪ね、また、祖父母を通じて地元のいろいろな人たちに会わせてもらっていました。尾鷲のことを、外の目からも中の目からも見られたわけですが、すごくいい場所や優しい人で溢《あふ》れているのに、どうして注目されないんだろうとずっと不思議だったんですよね。それから年月が経って、前職で日本各地を飛び回り、いろいろな地域にお邪魔していた中で、そのことは『尾鷲に限ったことじゃないんだな』と気づかされました。この想いが『おてつたび』というサービスをつくった原点です」

——受け入れ側のお宿にとってもブランディングに活用できると思います。

「旅館さんの情報発信量はまだまだ少ないと思います。ヒアリングを通じて見えてきたその理由としては、常連客の方たちに支えられているという要素が大きいのかなと。常連客の方と一緒に『歳を取ってきた』お宿が多いんですよね。そういう常連客の方は、自分たちだけの隠れ家という思いもあって、情報発信をネガティブに捉える方も少なくありません。だから、旅館側も熱心に情報を出さない」

「ただ、一方で、若い人たちの旅行の決め方は、基本インスタグラムを代表としたSNSやインターネットです。インスタやネットにない情報は、もはや『存在していない』ことと同じように扱われてしまいます。大々的に情報を発信せずとも、私たちの仕組みをうまく活用して、人流の創出に繋げていただけたらと思います」

——この本を読んだ宿泊施設の方が受け入れに名乗り出てくれるといいですね。

「そうなると、とても嬉しいです。旅館の方たちは、広告費や販促費という概念を持たれていない方が多いです。お財布自体がありません。最初は『おてつたび』を通してPRをするサービスにしようと思っていたのですが、本当に『ああ、素敵だな』と思う事業者さんほど、それがなかったですね。では『どうやって募集できるかな』と考える中で、『人手不足』をフックにしたわけなんですが」

「『おてつたび』の後、地域の情報を発信してくれた人たち自身の再訪率は六〇％です。人と人が結びつくと世の中って変わるんだなと思いました。大学のゼミで訪れるとか、自治体からの受け身での参加だと、どうしても、その後が繋がりにくい部分もあるのかなと思います」

若者とコミュニティ

――「おてつたび」で地方へ行かれる方の年齢層は、どのあたりがコアですか。

「二〇歳前後が中心です。学生さんをターゲットに置いているというのもありまして、学生を中心にどんどん広がっていっているような感じです」

「彼らの発信力はすごいです。現地で、何か気づきがあればインスタのストーリーに情報をアップして、反応があると『このことに、ダイレクトメッセージがたくさん来ましたよ』って地域の方にすぐ伝えてくれますし」

――そうした若い人たちの、人との関わり方についてどう感じますか。

「繋がりを求めている感じがあります。自分の居場所なんですかね。インターンの子たちとよく話しているのが、繋がっているのはオンラインばかりなので、どんな自分でも受け入れてくれるような、安心できる居場所がつくりにくくなってしまったと」

「それにあと、よく感じるのが、彼らはもう金銭的インセンティブだけでは動かないということです。お金はもちろん重要なのですが、お金の匂いがし過ぎてしまうと逃げていってしまいますね。お金とは違う価値を出していかなければなりません。そういう意味では、私たちのサービスは、時代にマッチしているのかもしれません」

――私の若い頃はPHSやiモードしかありませんでした。

「だからこそ、アナログのコミュニケーションを大切にすることができたのだと思います」

――それしかなかったですね（笑）。

「なんだか、今そこに戻りつつあるようなところもあるのかもしれないですよね」

――リアルの場を気にするという点では、過去のインタビューで、街の旅行会社の店舗へ若い人が訪れない理由を聞くと、同世代のお客さんが居ないからという話でした。

「お客さんを見るというのは確かにあると思います。どんな人が買いに来ているのかというのは。現に、大学にある生協の旅行カウンターには、お客さんの学生で一杯ですもんね」

今後の展開

――次の展開をいろいろお考えになっていると思います。

「DMOとの連携について考えていますが、どういう形がお互いにとっていいのかなと模索しています。今はサービス自体のブラッシュアップをしている段階なので、それが終わり次第といったところでしょうか」

「また、人と地域を結びつけるというコンセプトは全く変えませんが、そのマッチングがもっとスムーズにできるようなモデルに変える予定です」

──観光産業の人間としては、魅力を感じてお宿で働きたいと思ってくれる人が増えれば、それもいいなと思います。

「そうなんですよね。それはすごく思います」

「今って、農家さんになりたいという若い人が結構増えてきていると感じます。いろいろなところで実際にそういう方と会いますし、『おてつたび』にも『農業に興味があります』とか『おてつたび先に農家はないんですか？』という声が多く寄せられています。それって、たぶん一〇年前くらいから『このままじゃ農業はマズい』と感じた若い人たちが、いろいろ入り口を作ってくださったからだと思うんです。だから、『農業ってかっこいいね』というような、ちょっとしたムーブメントが起きているのかなと」

「ただ、宿泊施設ってそういうムーブメントがありません。とはいえ、『おてつたび』に行った子たちが、旅館の方たちと触れ合ってくると、感動して帰ってくるんですよね。こんなにいろいろ考えてくれていたんだということに気づいて。例えば、浴衣を一つ置くときに取りやすさを考えて帯をどこへ置くのかだったり、夜遅くまで料理の試作を重ねていたり。お客として訪れるだけでは全く気づかないのですが、裏側に入ってみると気づくんですよね。そういう些細なことでも身をもって知ると感動するものです」

「ある大学の観光学部の学生が、先日『おてつたび』に行ってくれました。そこの学部は、コンテンツを作っていく分野と、旅館などのおもてなしについて学ぶ分野の、二つに分かれていくんだそうです。そうすると、コンテンツの方がすごく人気らしくて、本人もそちらに行きたいと思っていたそうです。でも、『おてつたび』で旅館に行って、『こんなに自分の意見や行動次第で、いろんなことが変わるんだな』ということを言っていまして。言われたことを言われたままにやるものだと思っていたから、お客様へのサービスなんてつまらないものだと思っていたそうです。でもやってみて、どのタイミングで何を渡すかとか、このタイミングではどういうお声掛けをするかとか、自分のセンスでお客さんが喜んでくれるかどうかが変わるというのがすごく新鮮だったみたいなんですよね。だから、とても面白かったですと話していました」

――お宿の方もそれを知れば喜んでくれるでしょうし、彼らのモチベーション向上に繋がるような副次的要素がありますね。

「そうですね。『刺激』という言葉が適当かどうかわからないのですが、いわばマンネリ化していた中で、自分たちが当たり前のようにしていることを、外から来た人が驚きをもって感動してくれれば、仕事への誇りが高くなる面はあると思います」

「おてつたび」のサービスは、松尾芭蕉の「不易流行」という考え方を想起させる。いつまでも変わらないものを見極めつつ、時代に応じた変化を取り入れる。これは、持続可能性の本質を的確に表現するものだろう。そして、近江商人の経営理念である「三方良し（自分良し、相手良し、世間良し）」を体現していることは、米国のマイケル・E・ポーター教授らが示すCSV（自社の利益と社会価値の同時実現を目指す「共有価値の創造」）を地で行っていることに他ならない。CSR・SDGs研究の第一人者笹谷《ささや》秀光《ひでみつ》氏は「陰徳善事（人知れず社会に貢献しても、わかる人にはわかる）」といった日本人の美徳に陥らず、発信することでイノベーションに繋げる「発信型三方良し」を「協創力が稼ぐ時代」における新たな経営戦略だと提唱しており、これが日本型の共有価値創造戦略と説く。地方創生に関わるビジネスが数多存在するなか、具体的な行動を誘発させるユニークなサービスの今後の展開に注目したい。

3　《ケース》タビアトからプロモーションへの循環

この節では、ナビゲーションサービスで培ってきたデータや経路探索技術を活かし、訪日外国人の移動や滞在に関わる行動データ分析に取り組む、株式会社ナビタイムジャパンの取り組みを紹介したい。同社は、GPS測位データの分析によって、「日本人が知らないとっておきの日本の観光資産」をインバウンド観光客が見つけて訪れている事実を詳《つまび》らかにした。訪日観光分野におけるデジタルマーケティングの現状や、旅行会社やDMOにおけるデータ利活用上の課題について、交通コンサルティング事業のキーパーソンにサービス連合情報総研が聞いた。（取材日：二〇一九年四月二三日、敬称略）

〈取材対象者プロフィール〉

小《こ》竹《たけ》輝幸《てるゆき》さん

株式会社ナビタイムジャパン交通コンサルティング事業マネージャー／チーフデータアナリスト。

二〇一五年、株式会社ナビタイムジャパン入社。ナビゲーションサービスを通じて培ってきたデータ・技術・ユーザー基盤をもとに、インバウンド観光や交通に関する様々なビッグデータを活用したコンサルティング業務に従事。全国の交通最適化や地域活性化に携わる。近年は、自転車向けナビゲーションアプリの移動ログを活かしたサイクリングツーリズム推進に取り組む。

萩《はぎ》野《の》良尚《よしひさ》さん

株式会社ナビタイムジャパン交通コンサルティング事業責任者　開発部部長。

二〇〇三年、株式会社ナビタイムジャパン入社。法人向けサービス、携帯公式コンテンツサービス等の開発に従事した後、二〇〇四年開発部門部長、二〇一一年企画部部長、二〇一二年トータルナビ事業責任者、二〇一五年研究開発部門責任者に就任。二〇一七年より、ナビゲーションサービスを通じて培ってきたデータ・技術・ユーザー基盤を活かし交通・観光ビッグデータの分析を行う交通コンサルティング事業の事業責任を務めている。

訪日観光分野のデジタルマーケティング

取材日前日に発刊された業界誌において、「ＪＮＴＯ（日本政府観光局）やＤＭＯにおける訪日観光分野でのデジタルマーケティングの取り組みには課題が多い」とする特集が組まれたことを踏まえ、その課題感について聞いた。

――デジタルマーケティングの取り組みは遅いと思われますか。

小竹「発展途上段階です。ＪＮＴＯに担当部署が出来たのは二〇一七年の話です。これからより加速していくところだと捉えています」

――データ収集と情報発信のどちらに課題があるのでしょう。

小竹「収集したデータに基づき情報配信を行い、またそのデータを収集するといったように相互に密接に関係し、一緒に成長させていくものなので、どちらがというものではなく両軸で進めていくものと捉えています」

――デジタルマーケティングを地域のＤＭＯに任せず、ＪＮＴＯに一括化させる動きをどう捉えますか。

小竹「ＤＭＯを発足させる意義の一つに、データ分析が可能な人材を集めて、受入環境整備や観光資源の磨き上げなどを自分たちで進めて行くということがあったと思います。ただ、まだそうした人材の数や教育が実態に間に合っていない点が一番の課題ではないでしょうか」

「プロモーションをＪＮＴＯや広域をカバーするＤＭＯに集約させるといった、観光庁やＪＮＴＯ

における最近の考え方は理解できます。それぞれのＤＭＯが単発でプロモーションを進めても、利用できる金額が少なく、効果が限定的といった点が懸念されます。そのため、『ある程度地域を集約させて実施していく』という話になるかと思います。ただ、現実問題として、ＪＮＴＯの職員の方の人数も限りがあるかと思いますので、広域ＤＭＯでも地域が担うターゲットと観光資源を組み合わせて自分たちである程度のプロモーションを実施していく必要があるのではないでしょうか」

――各主体とも人材や予算が不足しているためか、活動の進度は物足りません。

小竹「それぞれの組織の裏側でシンクタンクや旅行会社など様々な企業が協力していますので、そちらの方々に様々な案件を発注される中で、共に取り組みを進めている職員の方も、データの見方や、どうやっていけばいいのかといったところを、今ちょうど一緒になって取り組んでいるところだと思います」

――これからのコンサルティングの対象や連携先をいかがお考えですか。

小竹「今後もタビマエからタビアトまでの『上流・下流』に限らず、必要な情報の提供やコンサルティングを進めていきます」

旅行業とデジタル人材

旅行会社はＩＴ人材を外注に頼り、連携を前提とした取り組みに留まっている。優秀なエンジニアを確保し、デジタル分野でのマーケティングに長けた立場から、そうした現状をどのように捉えているのだろうか。

――旅行会社はＩＴ人材の「内製化」が進んでいません。

小竹「様々な企業がチャレンジを始めており、まだ過渡期の段階で技術を進歩させている状況だと認識していますが、最終的にはデジタルマーケティングの領域においては、プレーヤーの数が集約されて落ち着くのではないでしょうか」

「当該領域は、まずデータを集める段階、それを使って分析する段階に分かれています。各社とも様々なデータを集めていますが、次の段階へとうまく活用できる企業や、最終的に人を呼び込めるところが残っていくと考えます」

――デジタルマーケティングなしでは、生き残っていくことができないのでしょうか。

小竹「必要になってくると思いますが、旅行会社しか持っていないデータもあると思います。例えば、旅行予約。契約した段階のデータを活用できれば、何カ月前から検討するかという分析が当然できますし、訪問時期の旬な観光地の情報提供をするなどは、もう実施されています。データのリソースをＩＴから取るのか、店舗のデータを取っていくのかの違いはありますが、そういったデータに基づいてやっていることや見ているものは同じだと思います。旅行会社の方が、どちらかというと一日の長がありますので、お持ちの膨大なデータとこれまでのノウハウを組み合わせて、最大限活用されることが大事なのではないでしょうか」

「実際、人と人が接する場面で得られる情報は、機械やＥＣサイトでは取れません。ただ最近では、そうした機会がなくても、ＡＩとの『会話』を通じて、顧客のニーズ情報を集積し始めているところもあります」

――現在各社が取り組んでいるデータ収集・分析の段階でも課題はありますか。

小竹「個人情報の取り扱いが年々厳しくなっています。外部に情報を持ち出せなくなっていく傾向は今後も続いていくことが想定されますので、必然的に内部で処理をしないとできる分析も少なくなっていくというところはあるでしょう。ＣＳＲの側面からも、内部に対応できる人がいた方が、取り組みを進めやすいという考えもあります」

――デジタル人材の獲得競争は厳しくなるのでしょうか。

萩野「我々の実感では、エンジニアが枯渇している意識はあまりありません。以前と比べて流動している印象です。各社が様々な特徴を出しながら募集をかけていますが、やはり各エンジニアが魅力的だと思ったところに、以前よりも転職しやすくなっているのかと思います。そのため、エンジニアにとって魅力のある会社であれば、十分、人材確保ができると考えます」

ナビタイムジャパンの事業

交通コンサルティング事業として、様々な自治体や企業・団体との協働を進めるナビタイムジャパン。現状の取り組み内容やその総括、データ活用方法の理想について尋ねた。

――コンサルティング事業の社内での位置づけは。

萩野「当社が提供するコンシューマー向けナビゲーションサービスから収集するデータや、経路探索技術、ユーザー基盤などを活かし、交通や移動に関するデータ分析・コンサルティングを行っている事業です。総合ナビゲーションサービス『NAVITIME』などを開発・提供している事業や、二輪車向けナビゲーションサービスを提供する事業、トラベル事業など、社内には十数種類の事業がありますが、他の事業に対して、データ分析から何かしらの貢献を行っていければと思います」

――自社単独での取り組みとコンサルティングの割合はいかがですか。

萩野「前者はまだ少なく、自治体や企業様のコンサルや提携がメインです」

――訪日外国人の旅行情報源は、個人ブログが最多とされています。どうすれば発信する情報が刺さるのでしょう。

小竹「当社の訪日外国人向けナビゲーションアプリ『Japan Travel by NAVITIME』では、利用者に許諾を得てGPSデータを取得し、分析に活用しているのですが、そのアプリを無料で多くの方にご利用いただいています。ローンチ当初から、七割ほどの方が自国でダウンロードしていただいており、日本へ来る前に旅行計画を立てるところからお使いいただいていると考えています。特別な広報活動をしておらず、クチコミで広まっています」

萩野「名称に『Japan Travel』が入っていますから、『日本／旅行』と検索されると必然的に上位に表示されます」

小竹「日本に来られてからも、困りごとを解消する記事や経路検索、オフラインでのWi-Fiスポットの検索といったところで、タビマエからタビナカまで使っていただいています」

――タビアトについてはいかがですか。

小竹「帰られた後のフォローはまだできていません。本来のタビアトという表現とは少し違うとは思うのですが、来ている方のデータを分析することによって、何かが流行り始めた地点を早く察知して育てていくことができますし、よく外国人が来られる場所のニーズをつかめますので、受け入れ環境を整備するための情報源として活用できます。つまり、一度来られた方のデータをもとに、これから来る方のために先回りして活用しています」

――蓄積されたデータの活用先はどちらですか。

小竹「北海道開発局と連携し、北海道の観光振興を進めていて、ドライブ観光を促進するプラットフォームを立ち上げています。そちらの会員にデータ分析の一部を四半期ごとに提供しています」

萩野「政府観光局公認の『Ｊａｐａｎ Ｏｆｆｉｃｉａｌ Ｔｒａｖｅｌ Ａｐｐ』は我々が制作・開発において技術的に協力していますので、こちらでも活用しています」

「二〇一八年から訪日外国人動態分析システム『インバウンドプロファイラー』を提供しています。本システムでは、特にデータに関する集計知識などがなくても、ＧＰＳデータを活用した滞在状況の分析が簡単に行えます。ＧＰＳデータと国籍や訪日回数を掛け合わせたり、時間帯ごとに集計して示すこともできますので、自治体や企業様でマーケティングツールとしてご活用いただいています」

――アプリの通知機能や経路検索結果画面で、分析に基づく最適化した情報発信は可能ですか。

小竹「そちらは実証実験で行っています。情報提供をすることによってどのように行動が変わっていくかというところは、これからです」

「我々がこれからやっていきたいのは、外国人に対するプロモーションの効果測定です。どのタイミングでどんな情報を提供すると行動変容が見られるのかといったところのデータ分析を始めようとしています」

――経年的な動態分析はされていますか。

小竹「実はそれほどやっていません。アウトプットも講演での発表に留まります。そこからの知見としては、訪日回数が増えるとある程度地方へ行きだすということ。それに、それまで訪日外客が訪れることがなかったような所のＧＰＳが取れ始めているということです。新しいデスティネーションがどんどん開拓されているという傾向までは把握しています」

――資料を拝見すると、人数の増加率が顕著なポイントがいくつかあるようですね。

小竹「熊本ですと、黒川温泉が増えました。呉は、大和ミュージアム。千葉の鋸南《きょなん》町だと、鋸山《のこぎりやま》という所が、崖から真下が見える『地獄のぞき』と言われるスポットで人気です」

「昨年はほとんどいなかったけれど、今年初めてＧＰＳが取れている所の解析もしています。鋸山では、登山道は欧米人が多く、アジアの人はロープウェーに乗っているといった国籍別の特徴も見えました」

――観光のイメージがない神戸市西部ですが、アウトレットモールが訪日外客を呼んでいるのですね。

小竹「買い物の需要がものすごくあります。どうしてこんな所に外国人がといった所を見てみると、アウトレットや大型ショッピング施設だったというパターンは、全国共通の傾向です。関西空港の近くにもアウトレットはありますが、その近辺への訪問に限りません。本当に、全国的にアウトレットへ集まっています」

「また、旅行の最初に来るか後に来るかによって消費金額が違うことも把握しています。やはり、予定の最後になるほど消費金額は増えていく傾向がありますので、最初に来る地域よりも最後に来られる地域の方がお金の落ちる額は高いです」

――この情報をいかにプロモーションや商品化に活用できるかが重要ですね。

小竹「はい。あとは、旅行形態の把握もこの調査で取り組みました。日本での滞在日数が長くなっても、特定のエリアでの滞在時間は、実はそれほど伸びてはいませんでした。固定化されているのならば、どうやってプラス一泊してもらうかという施策がポイントになると思っています。瀬戸内を対象に検討したときは、関西国際空港から入って長距離を移動して行かれる方もいるので、例えば広島や岡山にダイレクトインすれば、その分の移動時間が観光に使えるという提言を行いました」

――提携先のデータ活用方法をどう見ますか。

小竹「消費醸成にどう繋げていくかというところが一番のポイントだと思います」

「今から四～五年ほど前、山梨県との協働の際にデータから見つけたのが、新倉《あらくら》富士浅間《せんげん》神社という五重塔と桜と富士山が一つの画角から見えるというスポットでした。駅から離れた所になぜ外国人が訪ねているのか最初は不思議でした。塔がある神社までは未整備の坂道でしたが、今ではベンチまで置かれるようになっています。観光資源を発掘して育てていくといったところで、データが活用されています。これは事例の一つですが、こういった事例を全国的に増やしていきたいと考えています」

――新倉富士浅間神社は、ブームを知った日本人が訪れています。

小竹「はい。外国の方がたくさん行かれている場所へ、日本の方が行き始めています。訪日外客の中で人気が出たおかげで、日本人が日本の良さを再発見しているという効果も出ているのではないかと捉えています。住んでいると日本の良さはなかなか気づかないかもしれませんが、外国の方が増えてくることによって、こういう所が素晴らしい場所だと見直されているのは、すごくいいことと考えています」

二〇一九年は、日本人の海外観光渡航の自由化から五五周年にあたる。自由化初年度にはわずか一三万人足らずに留まっていた日本人出国者数は、二千万人を突破する勢いだ。訪日外客数が日本人出国者数を上回った二〇一五年は、双方向交流たるツーウェイツーリズムのこれからを考えるにあたって、ターニングポイントとなったと言えよう。訪日外客が「日本人の知らない観光名所」へ殺到し、日本人がその地を訪れることで観光資源化した場所が生まれている事実を紹介した。互いに発見した良さをシェアできる基盤整備を通じた交流促進を基礎とすることが、双方向交流の望ましいシナリオではないだろうか。情報の物象化に埋没せず、的確に措定できる情報取り扱いのプロ集団が市場には求められる。

参考文献

小林直樹『だから数字にダマされる』日経BP社、二〇一六年。

笹谷秀光「持続可能性新時代におけるグローバル競争戦略――SDGs活用による新たな価値創造」第七〇回全国能率大会、二〇一九年。

『SQUARE』第一九三号・第一九四号、一般社団法人サービス連合情報総研、二〇一九年。

「ツーリズム新時代へ」『週刊トラベルジャーナル』二〇一九年六月一七日号。

「編集長インタビュー」『日経ビジネス』二〇一九年六月二四日号。

第6章

Webマーケティングの進化

青木昌城

デジタル技術の進化という側面からすれば、現在は「ビッグデータ」に象徴されるように、あらゆるデータが収集され分析の対象になってきた。これを支える基幹技術は、まもなく「5G（第五世代移動通信システム）」に移行し、IoT（Internet of Health Things：モノのインターネット）が爆発的に普及すると予想されている。その前兆となるのが「スマート家電」と呼ばれるスマートフォンでコントロールする家電類や、スマートスピーカーを使った生活提案である。

これらは各種ポイントカードを含めて、既に、「個人の（消費）行動」把握のための情報収集手段としてサービス提供企業側のためにある。

もはや、大企業だからできる、から、企業規模や資本の多寡とは関係ない「応用の時代」になっている。しかし、「駆使する」というレベル以前の、「基本機能」の利用や、さらにそれ以前の「理解」が必須なのであって、もはや誰も逃れることができなくなっている。

「Web」というと何か「特別なもの」、という考えがその初期段階では当たり前だった。

例えば、旅行業でいう、ネット・エージェントが乱立していた当時、リアル・エージェント（この言葉すら、当初はなかったが）の手数料に比しておおよそ半額以下が相場だったことを、多くの宿泊企業が「安い！」と評価したことがこれに当たる。しかし、この「安さ」とは、リアル・エージェントが窓口で発行してお客様に手交する「クーポン」を忘れてしまっていた勘違いである。言うまでもないが、大手エージェントが発行する「クーポン」は、金融商品に当たるから、銀行の窓口に持ちこめば現金に交換できる「信用度」がある。すなわち、「金券」だ。

このように、リアル・エージェントの仕事は、「クーポン」発行手数料込みの窓口予約受注業務ゆえに設定された「手数料」なのであって、せいぜい予約申し込みをしたお客様が自身で印刷する「予約確認票」という「紙」とは、もともと比べるべくもない「手数料」なのである。

宿泊企業側でこの違いをはっきり認識していたのは、入金を金種別に振り分ける業務がある経理部門であったが、残念ながら営業部門での「気づき」にはタイムラグがあった。大手宿泊業にしてこのありさまから逃れられなかったから、乱立するネット・エージェントのほとんどと契約し、とうとう販売客室在庫管理ができなくなるという悲喜劇が発生したのは、当時を知る業界人なら思いあたることだろう。よって、中小の宿泊業にあっては、全く手探りであったし、ある意味で、経験の少ない若い社員に丸投げした上司や経営者は多数であった。

こうした現象は、新しい「ネット」や「Ｗｅｂ」といったことになじめないことの反動でもあったので、そこには根本的なものの見方の欠如という問題が隠されている。本章では、特に事業再生に至った宿泊企業の実態を反面教師に、Ｗｅｂマーケティングの本質について考察したい。

1　営業とマーケティング

今更ではあるが、「営業」ツールという概念から、「マーケティング」に変化させることがもはや必須の状況にある。事業再生に至ることになった残念な企業組織において、この「今更」が今更ではなく、深刻な状況にあることは言うまでもない。

これには、第Ⅲ部第7章にて論ずる、「産業訓練」との関連が大変重要であると考えられるので、問題の根が連結しているとイメージしてほしい。

残念な知見による経営

事業再生に至る企業の特徴として、第一に挙げることができるのは、何といっても残念な経営者による残念な経営が行われていることである。しかし、残念な経営者はけっして頭脳に欠陥があるのではない。むしろ、その逆で、頭脳明せきなゆえに滑ってしまうタイプが多いように実感している。また、総じてワンマンである。それゆえに、組織の風通しが悪くなるから、ジリジリと衰退していることがわかっていても、どうしてよいかがわからなくなるのである。

そこで、事業再生に陥った企業の復活を目指して、おおよその全体像を示したのが、拙著『おもてなし」依存が会社をダメにする』[1]である。これは、経営者や経営幹部の人たちに、事業再生とは何を目指しているのかを示す必要を強く感じたことが執筆動機になっている。業績を向上させるためのマネジメント手順の全体像がイメージできていないために、どうしても従来のやり方を踏襲しようとしてしまうことへの「歯止め」を意識したものだった。しかし、好調な企業においても「使える」ことだ。自社が好調ならば、今のうちに打つべき手がある、ということでもあるからだ。

残念な知見とは、ものごとを知っている知らない、という単純なことだけではなく、ものごとが成り立っている哲学や仕組みを「無視する」という態度を含めていう。こうした態度でいると、自分の見えるモノしか見ない、ということになる。裏返せば、自分に見えないモノは世の中に存在しない、という思い込みになってしまう。このことが、「残念」なのである。そして、その思い込みが、他人の意見を、面倒なことや自身への攻撃に感じるように仕向けるので、周辺のアイデアに聞く耳を持たない。こうして、意見をいうことにインセンティブを失った周辺の人たちは、いわれたことしかしない、という態度になって、経営者もそれに痛みを感じなくなるのである。

営業活動を経験と勘で行う

もちろん、「マーケティング」という言葉を知らないわけではない。しかし、前述のような「態度」に加えて読書嫌いがあるので、自分の経験と勘だけをもってする「読み」や「予測」を、「マーケティング」と真顔で呼んでいる事案に当たったことが何度もある。

用語についての知識は、商工会などの研修会で講師から得たものだ。これでわかったつもりになれるのは、自社の従業員がさっぱりわからないからである。その従業員たちも、前述のように、いわれたことしかしないから、わかろうとしないのは当然なのである。

だから、自社内の営業会議は、当たり障りのない「経験と勘」だけで議論が進み、従来の手法がせいぜい強化されるだけが決定事項となるのである。けれども、営業活動費の増額が認められるわけではない（＝経費削減優先経営）から、営業担当者は精神論で乗り切るしかないのだ。

しかも、こうした「会議」に用いられる資料は、「月次決算」であることが多い。

顧問税理士事務所によって作成される「試算表」をもとに、前月の実績を議論するのだが、それは、当月の「三週間目」に当たるタイミングで提出されることも共通している。なぜなら、税理士事務所の仕事として、決算数値が揃うことに要する時間がどの企業でも同じだからである。したがって、経理における社内処理能力に余裕のある大企業ならまだしも、税理士事務所の仕事を事実上補助するしかない程度の「経理」業務をしている中小にあっては、自社における業績管理の事務能力が（大企業に比して）著しく低いので、頼りになるのが税理士による「月次決算」になってしまうのである。

前月の実績を三週間後に議論する意味がどこにあるのかということについての問題意識は皆無で、議論せずにはいられないほどの「惨状」が実態として存在するから議論するのである。これに二時間ほどもかけることは異常ではないし、今月の残りが一〇日ほどしかない中での議論だから、今月の「対策」を営業部長の責任として議事が振られても、とくだん対策らしい対策が発信されるわけでもなく、対前年における「予測」を全員の勘で承認するしかないのである。すなわち、議論のベースとなる「基礎データ」がそもそもないから、メンバーで共有することもできないのである。

事業再生に時間を要するのは、多くは以上の事情による。

いわゆる「デューデリ」(2)における技術は先行していて、弁護士による法務、会計士による財務、これを総括するスポンサー投資家による新会社設立と特別清算をセットにした手法は、ある意味完成しているのにもかかわらず、再生が困難になるのは、営業を含めたトータルでの現場ノウハウ欠如があるからなのである。

以上、「マーケティング」への転換を議論する前の、実際の問題点を浮き彫りにした。

大きなテーマに入る前に、「基礎データ」についての実態も見ておこう。

基礎データ、統計、分析

組織が巨大で、それゆえに「大企業病」という問題を内包してしまうことはあるものの、決められたルーチンにおける正確さにおいて、大企業は中小よりもあきらかに有利である。「基礎データ」は、何よりも「データ収集」という地道な作業がなければならない。

例えば、営業活動における「日報」がこれに当たる。これは、売上情報はもとより、それに付随する利用人数もしかりで、施設の稼働と利用人数との相関関係を応用すれば、二カ月に一回の水道料金すら予約人数をもとに、おおよそ事前に算出できるようになる。

宿泊業や飲食業、小売り物販業は、基本的に「日銭商売」である。本日の売上は本日だけのもので、後から取り返すことが困難だし、それに見合った本日の経費が本日だけにかかってくる。したがって、最も重要かつ基礎的なデータが「日報」なのである。

つまり、日報を一カ月分毎日足し算すれば、「月報」になる、という基本を忘れて、税理士の月次決算を三週間も待つ、という態度は経営責任の放棄であるといえ、経営者だけでなくミドルマネジメントの不在を意味する。

こうしたデータを集め、集計するだけも実務では「統計」と呼んでいい。もちろん、二次加工してわかりやすく見せることができればよいが、何よりも、データを集めるという作業がなければ、すべてが絵に描いた餅になる。

そして、実績の分析をする理由とは、将来の予想（イメージ）がほしいからである。過去の数字、いわば昨日の数字は、どういじってももう変えようがない。なのに、なぜこれを議論するのかといえば、傾向を読みとって、明日以降の対策にしたいからである。この「目的」を忘れて、言い訳大会にする企業が多いことも残念な実態である。

経営ノウハウとして「ＰＤＣＡサイクル」[3]（マネジメント・サイクル）が基本であると言われ続けている。「データ収集→統計処理→分析→対策実施」も、立派なＰＤＣＡサイクルそのものである。ところで、最近は、ＰＤＣＡサイクルのマイナス面が指摘されている。それは、間違った方向に経営を向かわせることがあるという指摘だ。これを防ぐためには、「ＰＤＣＡサイクル」の順番に気をつけなければならない。文字の順どおり「P（Plan）」をいきなり策定してはならないからだ。「C」「A」をよく分析してからでないと計画策定はできない。

なお、昔は、「PDCAサイクル」ではなく「PDSサイクル」だった。「P」は同じ、「D（Do）実行・命令」、「S（See）確認」というシンプルさで、「S」から始めるのが実務である。この「S」の中に、上述のデータ収集から始まるサイクルが含まれている。つまり、このサイクルはマトリューシカ人形のように、入れ子型になっていることも忘れてはいけない。

よく企業は「有機的結合体」だと表現される。本物の細胞ひとつひとつにミトコンドリアがあって、その中のクエン酸サイクル（回路）がエネルギーをつくりだす。それが、ヒトの場合で一兆個も集まって一人の人間が生きているのだ。人間集団である企業が、一個の生物のように動くためには、個性ある一人ひとりがバラバラのようでそうではなく、組織だっていることが重要なのは誰にでもわかることだ。これを支える、最もミクロな活動は、「PDCAサイクル」を個々人が自分で実行できるようでなければならない。

けれども、プラン策定のために、前期の反省や、あるべき姿の確認時点において方向を見誤れば、プランそのものが毀損する。したがって、いきなりプランがつくれるはずもなく、確認のための価値観がズレていたら、無意味な作文をつくることになってしまうのである。

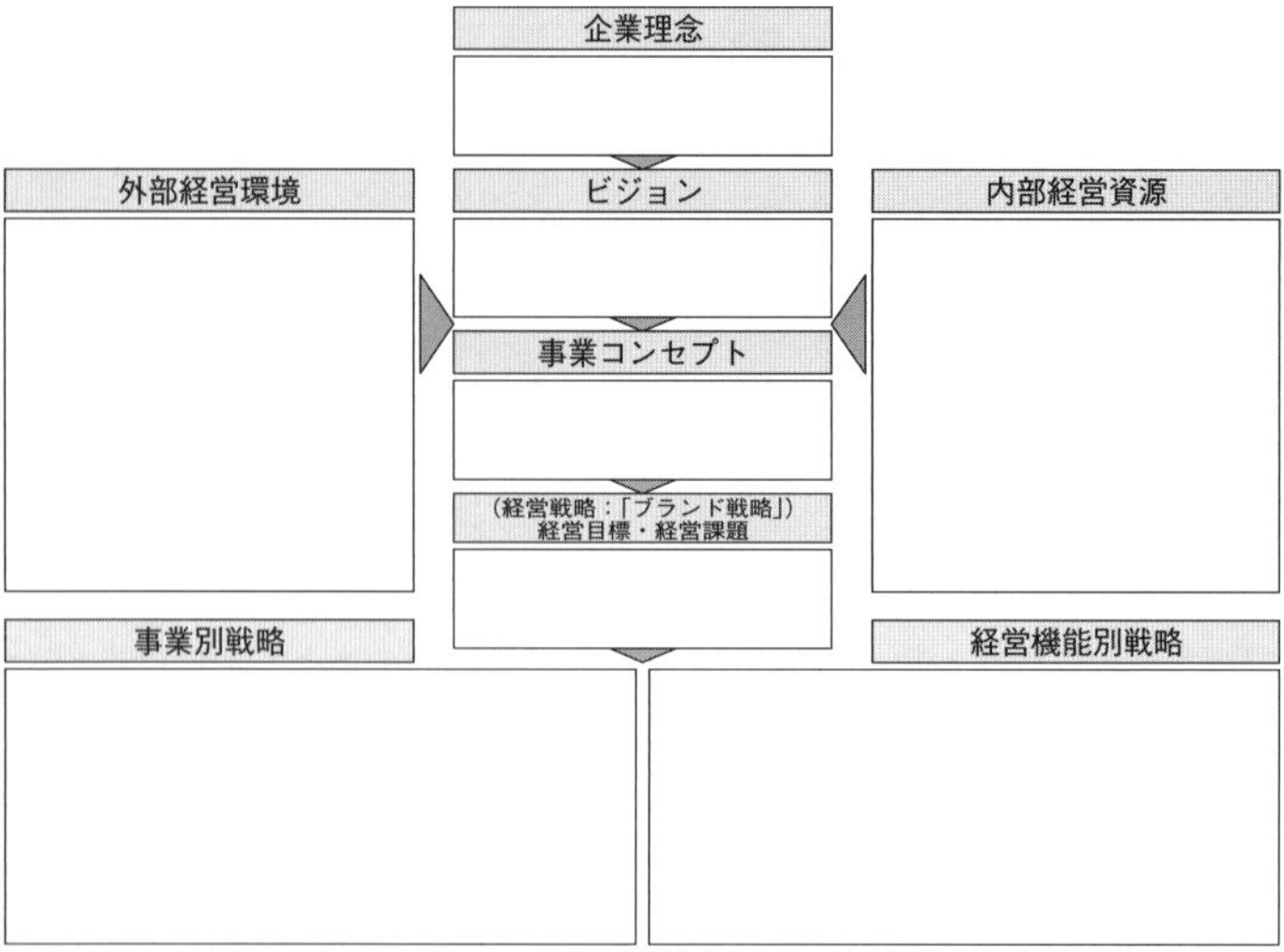

図 6-1　経営理念の構造図

出典：青木，2015年，176頁。

経営理念と事業コンセプト

営業活動を毎日していると、とかく意識の中から薄れてしまうのが、「経営理念」である。そこで「経営理念の構造図」（図6－1）と「事業コンセプトの構造図」（図6－2）を確認しよう。

経営不振企業の多くが、この図のイメージをすっかり忘れてしまっている、という現象が見られることに注意したい。すなわち、不定期でも構わないから、これらの再確認をする行為は、業績を左右する最重要なポイントなのである。

それは、前述した「PDCAサイクル」を支える「共通認識」が、経営理念と事業コンセプトであるからだ。すなわち、自社のビジネス・モデルのことである。これらの認識が社内で共有できていることが、組織の構成員

図6-2　事業コンセプトの構造図

出典：青木，2015年，177頁。

一人ひとりの行動がバラバラになるのを防ぐだけでなく、企業組織を結束させる上で必須のものなのである。

特に、人的資源を有効活用しなければならない人的サービス業の、宿泊業や飲食業、観光業においては、妥協してはいけない。

第一に、経営理念とは、その企業の存在理由を明記したものである。

人間は、自分が所属する組織について基本的に協調し同化する動物ではあるが、漫然とした組織ではその力が発揮されることは少ない。何のために、どうやって社会に貢献し、それが人々からどのように評価されたいのか、ということを「文字にした」文書を持つことで、自分の人生とようやく折り合いがつくのである。

第二に、崇高なる経営理念の具体的実行には、理念と一致した事業コンセプトがなくては、「分裂」してしまう。これでは、組織の構成員を結束させるという目的そのものに対する矛盾になる。

構成員たる従業員は、経営者が考えるより、しっかりと自己チェックするもので、組織に対する自分の位置づけに気づくと、納得するのが人情である。逆に、組織の考え方が、自分とソリが合わないとなれば、あっという間にぞんざいになるのも人情である。

これは、きれい事でなければならないということではなく、その企業が世の中に貢献したいという願望の「真剣度」のことである。当然だが、この真剣度が先鋭化している企業の業績が好調なのは、従業員の「動き」までが真剣だから、それが自然と顧客に伝わって支持を得るからである。なまぬるい企業ではそうはいかない。同じ「業」をしていて、業績が違うのはこうしたことが深い原因になっている。

他人は「商売がうまい」というが、人的サービス業においては、「働かせ方がうまい」かそうでないかが大きな差をつくりだす。しかも、こうした企業での従業員は、誰も「働かされている」とは感じておらず、「楽しく働いている」のだ。

残念な企業では、従業員の質が業績の決定的な要素だと、大きな勘違いをしている。しかも、それは企業が何もしないで得られるものだと思い込んでいて、少し大きな規模の企業ならその責任を採用担当のせいにしたり、立地する土地の風習などに結びつける。これらの問題は、「産業訓練」という切り口で、本書第7章で扱う。

世の中が急速に動いている現代にあって、事業コンセプトの「ズレ」は致命的だ。だからこそ、経営者は自身の業務の最優先事項として事業コンセプトの自己チェックをしなければならない。そのための道具（ツール）のはじまりが、「データ」なのである。すなわち、データ収集から始まる「PDCAサイクル」を事業コンセプトという「テーマでまわす」必要があるのだ。

そこで、もういちど図6-1と6-2とを見れば、「経営戦略（ブランド戦略）」で二枚の図が連結していることに注目してほしい。また、図6-1の経営戦略の上位に「事業コンセプト」があり、図6-2には「仮説事業コンセプト」がある。

したがって、この二枚の図は、それぞれが影響し合っているから、白紙から完成させるには行ったり来たりを試行錯誤して繰り返さないとできないようになっている。筆者のこれまでの経験から、経営理念もない状態からであれば、最短でも半年以上はかかる難易度で、経営者の覚悟が欠かせない。

重要顧客の特定と提供する価値

「お客様は神様」という接客現場における思想が、事業コンセプトを考えるときには邪魔になることがある。「今ここにいるお客様をいかにして満足させるべく汗をかくのか」という次元とは異なる議論をせざるを得ないのが「コンセプト」のコンセプトたるゆえんである。

いわゆる、戦術と戦略の違いのことで、今ここにいるお客様への対処は「戦術」で、事業コンセプトは「戦略」に当たる。別の言い方をすれば、前者が「毎日の営業」のことをいい、後者が「マーケティング的設計」といえよう。ここで初めて、「マーケティング」という概念が出てくる。

ベストセラーになった『もし高校野球の女子マネージャーがドラッカーの「マネジメント」を読んだら[4]』にもあるように、実は、自社の価値を見つけることは大変難しいのであるが、これを見つける努力をして、発見した者が成功するのである。

そして、究極のマーケティングとは、宣伝活動を一切しなくても、顧客が湧いてくる状態をつくることだ。この究極のレベルをイメージできてこそ、というのが前提にあるから、どうしたらそれに近づけるのかという活動のエネルギーになるのであって、ただ「もうけたい」ということとは違う。つまり、何もしなくても「売れる」状況を目指せということだから、言いようによっては、最もどん欲な考え方なのである。

その意味で、漫然としているだけでもうかる、という状態のことではない。ドラッカー的にふつうにもうかる、という状態にするためには、よく練られた仕掛けが必要なのであって、それが「重要顧客の特定」と「提供する価値」を決めることである。

「重要顧客の特定」とは、どんな客層の人たちに利用してもらいたいのかという戦略的な特定であって、いま利用してくれているお客様のことではないという区別が大変重要なのだ。すると、その人たちを満足させるために必要になる、「提供する価値」が決まっていなければ、無い物ねだりになってしまう。だから、重要顧客の特定は、大変重要な決定事項になる。そして、重要顧客の特定と提供する価値の決定とは同時に決まるから常に「セット」として扱わなければならないのだ。

例えば、現実の利用者との接点を考えるには、この一年間での利用者トップ一〇〇人をリストアップしてみることだ。この中に、重要顧客「候補」のイメージに近い人たちが存在している可能性はある。すなわち、利用者トップ一〇〇人というデータが、利用頻度順、支払金額順でリストアップできるかどうかが最初に問われるのである。

筆者の経験上、残念な企業は、このリストさえつくれないのである。その理由は、残念なコンピューター・システムを使っていることが多い。いわゆる、顧客管理のデータベース機能がほとんどないか貧弱なのだ。では、そんなシステムを採用した理由はと聞けば、「安価だから」にいきつく。

ある目的をもって購入するのが、ふつうの買いものである。毎日の食材選びもそうしている。それでこその「特売」なのであって、ただ「安い」というのは売れ残り品ではないかと消費者は考える。どんなに「安価」でも、目的に合致しないと判断すれば消費者は購買行動をおこしはしない。

すると、「安価だから」という理由で採用したシステムに、どんな所期の期待機能があったのか。残念な企業に、これが「ない」のである。期待機能を吟味せずに、価格だけで判断し、結果的に基本的なデータすら出力できない致命的なシステムを使っていても、それに困らない営業の日常がついに困窮化への道になるのである。もちろん、宝の持ち腐れという例もないではないが、その手のシステムは、無理やりでも出力する機能が「レポート」にあるから、組織的ではなくても見る人は見ていることがある。

このように残念な状態でも、人間には「記憶力」がある。そこで、従業員の記憶を呼び覚ますようにして、とにかくいま最も重要だという人物像をあぶり出すのである。

しかし、事業コンセプトにおける「重要顧客」は、こうしてあぶり出した人物像と微妙に異なる。そこに、事業者としての「望み」を付加するからである。

こうして決めた「重要顧客」について、次に「自分がなりきる」というシミュレーションを繰り返しながら、重要顧客だけに絞った提供すべき「価値」を考えるのである。自分とは違う人になりきって考える、という行為は、口でいうほど簡単ではない。

ちなみに、これらの一連の思考で最も重要なことは、方法は何であれ「紙に落とす」つまり「書き残す」ことである。残念な企業の残念な経営者は、この「書く」というひと手間を省くので、後になってわからなくなるというパターンが大変多いのだ。頭脳明せきなゆえに、自己の記憶力も過信している。

よくある疑問は、こうやって決めた「重要顧客」だけに焦点を絞った「価値提供」で、本当に利用者がみな満足するのだろうかという不安にもなる。しかし、全く問題がない。条件を敢えてつければ、きちんと決めたとおりのことを着実に実行すればするほど、問題はないのだ。

なぜなら、事業コンセプトを支持してくれる層が、そうでない層を駆逐してくれるという現象も発生するので、よくわかっている人たちによる繰り返し利用（いわゆるリピーターとは違って、積極的支持者＝ファン層のこと）が増えるからだ。企業活動とは、この人たちを増やすこと、に尽きる。

もちろん、その人が「積極的支持者」である「かくたる理由」や、「増える」ということの裏づけとなるデータ収集をどうするのかというＰＤＣＡサイクルの仕組みを、ここでも業務に埋めこまなければならない。

以上が、Ｗｅｂマーケティングの進化を語る前提条件である。これらのことが、きっちりできている、という企業は、数えるほどしかないかもしれない。しかし、けっして解決できないことではないのである。

2　リアル世界とＷｅｂ

特に違いのない世界

リアル世界とＷｅｂビジネスとでは、何が違うのか。実は「あまり違わない」というのが結論だ。「あまり」というあやふやな表現になるのは、違いを調整するためにつくられた制度があることを示している。例えば、ネットで物品を購入するには、そのＷｅｂサイト運営者は、「特定商取引に関する法律」や「電子消費者契約法」などにしたがわなければならない。

そもそも、契約の成立がいつどのように決まるのか、についても、明治以来の伝統であった、販売者が契約成立の意思表示を相手方に「伝えたとき」を改め、電子商取引では、相手方に「伝わったとき」に変更した。これは、申込者側か販売者側かどちらにしても、インターネット上のサーバー等に不具合があった場合、相手に意思表示が伝わらないことが発生しても、気がつかないことがあるからである。だから、申し込みのクリックをして、画面が変わり「申し込み確認メールを送信しました」と教えてくれ、さらに「もし確認メールが届かない場合はこちら」として、電話番号等の連絡先が示される仕組みにしなければならない。

リアル世界では「商法」が適用され、Ｗｅｂ世界ではその特別法である上記の法律が優先的に適用される。自分でホームページを作成する知識や能力があっても、上述のルールを知らないでＷｅｂビジネスを始めたら、今ならすぐに「怪しいサイト」だと決めつけられてしまう。もちろん、手軽さをもって悪意のあるサイトをつくり、詐欺を仕掛ける事態にもなっている。

このあたりも、リアル世界でのだましビジネスと似ているが、「仕掛け」が違うだけなのである。しかし、取扱商品の「怪しさ」の前に、店舗に当たる「サイト」そのものが疑われるから、かえってＷｅｂの方がシビアである。また、情報の伝わり方の早さと量が、リアル世界の従来の媒体と比べて、格段に違うことも、当たれば大ヒット、外れたら大損という要素もある。ただし、リアルでも、情報の伝わり方についてはＳＮＳ等の普及でＷｅｂとの違いはもはやなかろう。

つまり、Ｗｅｂマーケティングという世界では、リアル世界に重心をおいて考えることの方が、合理的といえる。なぜなら、対象が人間であることに変わりがないからである。したがって、リアル世界を抑えた上でのＷｅｂなのだという認識が、第一に重要で、それから「Ｗｅｂならではの手法」が見えてくるのである。

キャンペーンの失敗とは

人的サービス業においては、単純な売上減少を回復させるための「キャンペーン」は、かなりの確率で失敗する可能性がある。それは、「不満の拡大生産」をしてしまうおそれがあるからである。売上が減少しているという状態を冷静に分析して、その検討結果から導き出した「方策」によるキャンペーンの計画と実施なら理解できるものの、あたかも神経反射のように闇雲に売上増加キャンペーンを行うなら、売上減少という現象に含まれているだろう顧客の不満が放置される可能性を残す。だから、既存客が抱く不満を新規客にも加えて、より多くの顧客に不満を拡大する方策になりかねないのである。本来は「キャンペーン」の手法を検討する前に、上述した原因追求をすべきである。しかしながら、大きな予算を投じることができる企業ほど、その失敗の原因をテクニカルな手法に求める傾向がある。これは、失敗の原因を「(拡大生産された)不満そのもの」だと特定してしまうと、現場を巻きこんだ「犯人探し」をすることを意味するから、社内的に、大変やりにくい「仕事」になってしまうので組織に波風を起こさないようなるべく忌避したいと考えるからである。

こうした担当者の心理と、企業内の人脈がつくりだす「逃げ道」を、ずい分むかしにガルブレイスが『新しい産業国家』(5)で解明している。昨今の、日本企業における様々な不祥事を理解する上でも貴重な考察である。

さて、「売上の公式：売上＝客数×単価」は誰にでも理解できる簡単な式である。しかし、理解はできるが「使っている」企業が少ないのだ。すなわち、「データ化」の不備の問題がここにもある。

客数の推移と単価の推移の掛け算の結果が「売上」である、ということを失念して、売上の推移だけを追いかけても、売上増進のための答えは見えない。客数の分解としては、個人・団体から始まって、居住地や経由地、利用目的など、各種セグメントがあるが、これら生の数値を「データ化」していないので、営業日ごとのイベントやクレームなどの定性的情報とも結びつかない。

こんな状態だと、現場における「サービス生産」が、どのような水準の品質なのかもチェックできていないと容易に想像できる。人的サービス業に従事する人たちが、自分たちは「サービス業」だといいながら、そのサービスを自分たちで「生産している」という認識がほとんどない。

だから、利用客に本当に支持され喜ばれているのか、それとも仕方なくシブシブ利用しているのかの区別すらつかないことがあるのだ。特に、客数のジリ貧状態が続いているなら、「シブシブ」ではないかと疑うのがふつうではないかと思うが、何しろ「データ」の裏づけがないから、ジリ貧が続くのである。

もうおわかりだろう、そんな状態で販売促進キャンペーンをやったらどうなるか？

「不満の拡大生産」になるから、キャンペーンの終了からしばらくすれば、キャンペーン前よりも客数が減少してしまうのだ。筆者は、これを「嫌われる努力」と呼んでいる。

3 《ケース》リアル世界での実務をたすける「陣屋」のシステム

これまでの指摘からわかるように、マーケティングに必要な材料を自分たちですべて用意することは、大企業でも手間取ることである。中小規模の企業なら、自力解決のための手順を完全に社内で行うことには困難が伴うのは当然である。特に、データ化から始まる一連の基礎的な業務を構築するのは、人材面から見ても員数面から見ても「無い物ねだり」になりかねない。

最も重要な道具は、サービス現場で日々利用している、コンピューター・システムになる。

そこで、一例として紹介したいのは、「陣屋コネクト」のサービスである。「陣屋コネクト」は、神奈川県鶴巻温泉にある県を代表する老舗高級旅館「陣屋」の現オーナーが自ら開発したシステムである。(6) 二〇一九年一月時点で、契約先が三〇〇社を超えている。二〇一八年の第二回「日本サービス大賞」（主催：日本生産性本部・サービス産業生産性協議会）で総務大臣賞を受賞した実績がある。

実際の旅館経営に必要な機能を、まず自社で試し、各職場の従業員の意見をとりいれて改善してきたシステムなので、端末の取り扱いの工夫からはじまって、どんな資料が見たいのかについての漏れがない。

つまり、データ化から始まる一連の実務が、システムの要求に合わせるというよりも自然に入力できる仕組みになっているのだ。これはシステムを使いこなす上で大変重要な要素である。入力が面倒なゆえに、システムが実際には使いものにならないことはよくある話だ。

さらに、「陣屋コネクト」の導入企業にとって有利なのが、どんな「出力」がほしいのかという要求の整理を要しないほどの信頼性である。それは、リアルな旅館が作り上げたシステムだというだけでなく、売却まで検討せざるを得なかったほどに追いつめられた老舗旅館の、起死回生ともいえる奮闘努力の成果でもあるからだ。

以下に「教科書どおり」のステップで事業が復活する物語を見てみよう。

陣屋自主再生物語

代々、家の男性は旅館業に関与しない、という「家訓」の中、これを破った長男（現オーナー）にしてみれば、母から引き継いだときに、事務所に「さしたる経営資料が存在しない」というありさまだったという。

二〇〇九年当時の売上高は、二億九千万円、ＥＢＩＴＤＡ[7]：△六千万円、借入金一〇億円という状況だった。すなわち、サラリーマンから転職を余儀なくされた身には、修行期間や引継ぎのない突然の世代交代で、しかも旅館存続のためには、短期間での業績改善（売上アップと経費削減）が求められていたのである。

この現実を受けて「経営改善方針の決定」をした。そのポイントは、以下のとおりであった。

①情報の「見える化」
・個人所有から全体共有へ
・いつでも・だれでも・どこからでも・どんな機器でも
・情報はすぐに共有
②PDCAサイクル（計画・実行・評価・改善）の高速化
・月次管理から日次（日報）管理へ
③情報は持つだけでなく活用させる
・顧客の過去の詳細利用履歴を活用（おもてなし向上／次回営業機会に繫げる）
↓お客様との長期的なお付き合いをするためにCRM（顧客管理システム）を導入
・WebやSNSを通じて情報を発信
④仕事を効率化し、お客様との会話と接点を増やす
・裏方の仕事を減らし、接客の時間を増やす
・アナログからデジタルへ、手動から自動へ
・非効率な会議・朝礼・夕礼を減らす

これらは、旅館のマネジメントとして知りたい情報は何か、また事業目的に対してどうやって活用するかに集約できる。これを追求していくと、売上はもとより、食材の仕入れから水道光熱費、さら

に人件費といった経費管理も一緒に行わないと満足できる「知りたい情報」にはならない。これを自社のリアルな経営において整理しながら作り上げたから、「知りたい情報」＝「わかりやすい情報」になったのだ。

そして、当時、市販されていた旅館システムを自ら分析したところ、上述した要件を満たすものがなかったので「システムを自社開発するしかない」という結論を得たのである。

ある程度の情報蓄積ができたところで、「事業コンセプトの見直し」という段になった。適確な経営情報をもとに、「どんな宿にしたいのか」という目線での見直しである。それが、「本来あるべき『陣屋』とは何か？」となって、実現するための課題を定め、忠実に実行したのである。

もちろん、従業員の納得がなければならないが、システム開発という場面で、どんどん便利になっていく自分たちの業務改善という経験があったから、それに手間取ることはない。

ここが、「肝」なのである。すぐれたシステムを使うことが目的なのではない。その仕組みを使ってこその、自社の価値の発見と、理想の提示、そして実践ができる、という一連の流れを確保するための基礎を取得するということなのである。まさに、「See（価値の発見）→Plan（理想の提示）→Do（実践）」という循環そのものの構築なのである。この仕組みによって品質のチェックもできる。

こうして接客実務における使える情報システムができ上がった。

一つひとつのデータからはじき出される予測された機能と効果が織りなす、一枚の絨毯のような「作品」が、旅館サービスという商品を実現させている。その重要ポイントは以下のとおりである。

・手書きの手間を省き、重複や漏れなどのトラブルも防止
↓「いつ・誰が・何を変更したかの履歴も残る
・女将やスタッフの頭の中にしか無かった顧客情報が陣屋コネクト上に蓄積
↓スタッフがいつでもどこでも最新情報を瞬時に共有
↓「言った・言わない・聞いていない」のトラブルが解消
↓部門を越えた情報共有で組織の一体感が向上
・スタッフ全員がお客様カルテから先読みして細やかな「おもてなし」を実現
↓受身から積極的な接客へ

これらは、よくいわれている「情報共有化」の実務における具体例そのものなのである。

旅館にITを浸透させるポイント

陣屋では、いかにシステムを「使わせるか」についても回答を用意している。

①経営者（社長・女将）の陣屋コネクト積極活用
・メッセージの発信・投稿へのコメント・いいね！（実際の投稿数は毎日五〇件以上）
・報告・連絡・承認・レポート提出はすべて陣屋コネクトで

表6-1　陣屋コネクト導入に成功している施設の特長

うまくいっていない施設		成功している施設
経営者がシステムを使っていない	▶	経営者自らが率先して使っている
経営者が運用を現場任せにしている	▶	経営者がシステムを常にチェックし，PDCAサイクルを監視している
情報は経営層や一部の部署だけで保有	▶	情報は経営層及び全スタッフで共有
問題点が共有されていない	▶	問題点を全スタッフで共有し，即対応
システムを導入すれば万事うまくいくはずと考える	▶	システムは道具であり，自分たちが努力しないと改善できないと考える
システムは万能と信じる	▶	システムやオペレーションの改善点を常に模索し，改善に向け工夫している
最低限のライセンスで現場を回そうとしている	▶	全員にライセンスを与え，スタッフ全員の知恵を引き出し，共有しようとしている

出典：陣屋資料より。

・定期的な会社方針ブレイクダウン

②ログインしないと仕事にならない業務環境の構築

・紙の予定表の廃止

・昼礼・夕礼・連絡ノート・ホワイトボードの廃止

・勤怠管理・発注依頼・修理依頼

③使いやすいデバイスを自由に選択

・仕事の内容や個人の好みに合わせて使いやすいデバイスを選んでもらう

→デスクトップPC・ノートPC・iPad・iPad mini・iPhone・iPod touch・個人のスマートフォン

④メディアや展示会等への積極的な露出・情報公開

・お客様・取引先・メディア・社員同士からの反響

・CRMベストプラクティス賞、攻めのIT経営中小企業百選受賞、政府要人の視察

↓家族や友人から「すごいね！」と言われる事が従業員の自信と誇りに

最後に、表6-1「うまくいっていない施設」の特徴をよく見てほしい。実務の参考になるはずである。

4　《ケース》グーグルの表・裏一体両面活用

前節では、リアル世界を中心に、システムのあり方を見てきた。第2節での「嫌われる努力」にならない状態でオペレーションされていることが前提となるから、注意してほしい。もし、リアル世界でオペレーションの不備があれば、たちまちのうちに業績不振の原因となるのが、アフター・コロナを含めた今後の世界（社会）での課題であるからだ。

社会インフラとなった「グーグル」

いまや小学生でもスマートフォンを所持している時代である。インターネット上での様々な情報を得るには、「検索」という手順から始めるのが一般的だ。この検索機能を提供している世界的規模の企業は、「グーグル」である。そして、検索は「検索エンジン」と呼ばれるコンピューター・システムによって提供されている。

日本における検索エンジンは、「グーグル」と「ヤフージャパン」の二社が圧倒的シェアとなっている。しかし、ヤフージャパンはグーグルの検索エンジンに乗り入れているので、実質グーグルだけで九九％のシェアとなっている。また、訪日外国人たちも、同様の傾向なので、もはや世界においてもグーグルの検索エンジンが一人勝ちの状態である。したがって、「Ｗｅｂマーケティング」を考えるときに、グーグルを抜きにすることはできないし、現状ではナンセンスでもある。

ところで、改めて「グーグルとはどんな会社なのか？」といえば、「リスティング広告（検索連動型広告）」を主とする、広告会社なのである。[8]「検索連動型」だから、「検索」機能の充実が必須であるのは自明のことである。つまり、グーグルユーザーにとって、圧倒的に便利で知らないことがわかる検索結果を提供してこその、広告収入ビジネス・モデルになっていることが、すべてのはじまりなのだ。

だから、グーグルは検索エンジンの機能向上に躍起になっているのであり、そのために様々な情報を収集しなければならない、と自らを追いつめて考え行動している。様々な情報を収集するというのは、あらゆる情報を「データ化」するという意味である。あの巨大グーグルにしても、はじめに「データ化ありき」という原則から逃れることはできないのである。

実際に、私たちがグーグルユーザーとして、過去にどんな検索をしたのか、それは自宅にいて検索したのか、それとも外出先で検索したのか、どんなルートでどんな移動をしているのか、その移動先ではどんな検索をする傾向があるのか、などといった「情報」も、収集されている。そして、これらの「データ」から、最適な広告が送信されてくるのである。もちろん、その広告を見たユーザーが、たちまちクリックして購入行動を取ったのか、それとも無視したのか、かなりの時間をおいて広告で出した商品検索をしたのか、なども収集されている。

最近はやりの「スマート・スピーカー」は、設置されている空間での会話をすべてデータ（自動文字おこし）化して、どんなキーワードが多いのかも収集の対象になっているというが、日本語での実態はその言語の難易度において不明である。大方、「OK○○」とか「アレ○サ」といえば、「御用は何でしょう?」と返答するために、データ化以前に、すべての会話を聞いていると考えるのがふつうであろう。グーグルがユーザーに提供する、様々な検索以外のサービスも、すべては「本業」のためのデータ収集という枠を外れてはいないのである。

実際、グーグルの圧倒的強みは、そのビジネス・モデルの中にも隠されていると考えられる。それは、グーグルユーザーとグーグルの間を取り持つ後述の「専門のサービス会社」が存在することだ。そして、これら企業は「グーグルライセンス登録」(9)という制度によって、グーグルにとっての外部である他社にビジネスの場を提供していることにある。

つまり、グーグルに乗っかれば商売になる、という場の提供をすることで、グーグル以外の検索エンジンを事実上排除することにも成功しているのだ。ユーザーが無料でできるサービス機能に限度を設け、専門のライセンス取得会社を通じて、最終ユーザーへ有料のサービス機能をつくって提供しているのである。

また、グーグルマップ機能では、人の行動情報収集のために、地上における高度まで分析可能になっていて、その人が今、どのビルの何階（高度）のどの辺り（平面）にいるのかまでも把握できている。リアル情報から、その人の行動を読みとって、検索連動型広告の精度を格段に向上させる努力が続いている。

ユーザーにとってこれをやめさせる手段は、もはやスマホやPCなどの端末を、持ち歩かないことだけになっている。けれども、グーグル検索を使わないという日常での生活が考えられない。これを「社会インフラになった」というのである。

グーグルの重要ルール

Webマーケティングの舞台がグーグルに基盤を置かざるを得ないのは、前節のとおり、グーグルが社会インフラであるから、これを利用しないという選択肢が今はないからである。そこで、あらかじめグーグルのルールである『グーグルガイドライン』を知っておくことが重要になる。(10)その中の、「サポートページ」で、『グーグルと相性の良いサイトを作成する方法(11)』も表明している。

例えば、「Keywords」という検索エンジンにテーマを伝える言葉の機能を利用して、ここに大量の語句を登録することで対象のサイトの評価を上げようという方法があった。二〇〇九年、グーグルはこのKeywords機能を評価しないと正式に表明している。(12)これは、グーグルにとっての検索機能の向上と相反することだからである。

とはいえ表面上、検索結果の画面で上位に表示されることが何よりも重要なＷｅｂマーケティングのコツだといわれるのは、確かに最終ユーザーである人々の多くが、二ページ目以降をページめくりすることがほとんどないからである。

したがって、「いかに上位表示されるのか」のテクニックが競われてきたことは確かである。これを「ＳＥＯ」（Search Engine Optimization：検索エンジン最適化）という。

グーグルの検索エンジンが自動で、Ｗｅｂを巡回してＷｅｂサイトを見つけ出す仕事をしている。そして、二〇〇以上あるといわれる「評価基準」をアルゴリズムで判断して検索順位を決めているのだ。それに、検索ページ表記の書式が決まっているから、上位二〇位に入らないと、次ページ以降に表記されることになっている。つまり、上位二〇位内で最初のページに表記されることが、Ｗｅｂでのビジネスの最初の目標になるのである。

実際に、グーグルは、「ＳＥＯが必要なケース」も表明している。[13] また、こうしたＳＥＯの効果を意識したサイトをつくる場合に、最も重要なのが上述した『グーグルガイドライン』である。

すなわち、一連のグーグルが表明している内容は、結果的に自社サイトを検索して訪問してもらうための情報であるから、知らない、では済まされない。「ガイドライン」から逸脱すれば、ペナルティーを課せられることもあって、そうなれば、もはやサイトの意味を失ってしまう。グーグルの検索結果に「出なくなる」からである。企業のＷｅｂ責任者になったら、最低でもこれらはチェックしておくべきだ。

常識としての「マイビジネス」登録

ビジネスでのＷｅｂ利用においては、「グーグル」の検索画面上位にいかに露出するかが成否を左右する重要な問題になるのは前述のとおりなのだが、二〇一八年九月にグーグルは、マップ検索へのシフトを表明している。簡単にいえば、Ｗｅｂ上にホームページをつくったら、それで「できた」にはならないことになった。

ホームページが「できた」というだけの状態は、列車が出発駅について乗客の乗車を待っている状態に過ぎない。しかも、駅の案内掲示板にまだその列車の存在を知らせる「到着番線の案内」も「行き先表示」も「案内放送」も、ない状態なのだ。

日本では考えられないが、ヨーロッパで鉄道旅行をした人ならわかるだろう。行き先表示もない、案内放送もない中、ドアだけが開いている列車があって、おそるおそる近づいて車掌を見つけて聞いたら、それが目的の列車だったということは珍しくない。

しかし、Ｗｅｂ上でこんな状態なら、誰もそのホームページに来てくれない。そこで予約受付や物販をしていても、訪問者が来なければ、売れるわけがないのだ。

グーグルマップでの検索で、グーグルが目指しているのは、場所の入力を要しないでユーザーの目的地を自動的に表示することである。そのために、位置情報の許可を求めてくるのである。

例えば、「ホテル」とだけ入力しても、今いるところの近くにある、本人がよく使うグレードのホテルを表示するのか、それとも、よく行く地域のホテルを表示するのかは、その本人の行動情報から判断される。

一方で、ホテル事業者にとっては、その地域におけるホテルとして、真っ先に表示されることが望ましいのは、自社サイトにおけるSEOの考え方と同様である。

実際に、グーグルは、各ホテルのサイト情報から、マップ上の囲み情報を自動生成して特定のホテルの紹介をする。この機能の基礎をなすのが「マイビジネス」登録で、これは二〇一四年、六月一二日から開始された。したがって、自社サイトを持つのなら、無料でできるこの登録をすることは必須の条件になっているのだが、有名企業なのに登録をしていない状態が散見される。それは、「ビジネスオーナーですか?」という項目が表示されることでわかる（図6－3）。

図6-3　マイビジネス登録をしていない例

「マイビジネス」登録をすると、初めて自動生成された自社の案内の内容を「修正することができる」という権限が与えられる。これは、逆に、「マイビジネス」登録しないと、第三者によってこの権限が「乗っ取られる」という大変危険なリスクが生じるのだ。

実際に「乗っ取られた事例」は既に存在している。このような事態になってから、自ら修正を試みても、もう手段がない。グーグルの管理画面に入ることができないのだ。マップ上で自社を検索し、登録しているかどうかをまず確認し、できていないなら大至急とにかく「マイビジネス」登録をしなければならない。

グーグルが「ホテル」に注力する理由とMEO

グーグルは人のあらゆる行動情報を収集したいと考えているのだから、リアル世界で人が集まる場所に注目するのは当然である。それで、グーグルは「ホテル」を注視し、「ホテル」に対するサービスを充実させているのである。最近、グーグルがホテル予約機能を持ち出したのも、この流れからである。

特に、グーグルマップ上で、同一エリアのホテルは「四軒」が自動表示される設計になっている。同じ商業施設でも、レストランなどは「三軒」という決まりになっているから、ホテルは特別な扱いなのだ。臆測ではあるが、ホテルを制覇したあと、レストランや観光施設に触手を伸ばすとも考えられる。

ＭＥＯ（Map Engine Optimization）とは、グーグルマップを使ったＳＥＯの深化のことである。自社がどこに存在するのか？　これは、施設・店舗を要するビジネスなら、絶対に欠かせない情報である。特に初めて訪問しようとしたときに、グーグルマップによる案内は、もはや標準的な利用方法である。

つまり、現状では、マップのビジネス登録における「早い者勝ち状態」になっているのだ。これに気づいた大手ホテル企業は、既に自社近隣の地図における登録を済まして、常に四軒のうちの上位に表示されるようにしている。この機能は、企業規模とは関係ないから、中小にも大いに勝機があるので、まさに知っているかそうでないか、ということだけで勝負が決まる。

マップを利用して目的地に案内をしてくれるサービス機能は、知らない土地や初めての目的地を目指す場合に、大変便利だ。しかし、もはや常にネットに繋がっていることの便利さの陰に、端末を持っている個人が、いつどこに行ったかという情報も把握されていることを忘れてはならない。マップの案内機能の後ろには、目的地に到着した、という情報もグーグルは把握している、という意味があるのだ。

つまり、グーグルマップへのビジネス登録をすれば、実際に自社施設にやってきた人たちの数値データが把握できる。これが、リアル世界での広告との決定的な違いである。

古くからリアル世界では、広告による「効果」の把握が困難だったから、企業における広告予算は売上比○％以内、という制約を設けることが常識だった。もちろん、「成果」を正確に測定することは不可能なレベルだった。しかし、グーグルが提供するサービスで、「集客成果が確実に測定できる」ようになったのだ。したがって、もはやこのサービス機能を使わない手はない、という事態になっている。

これが、Ｗｅｂマーケティングの核心である。

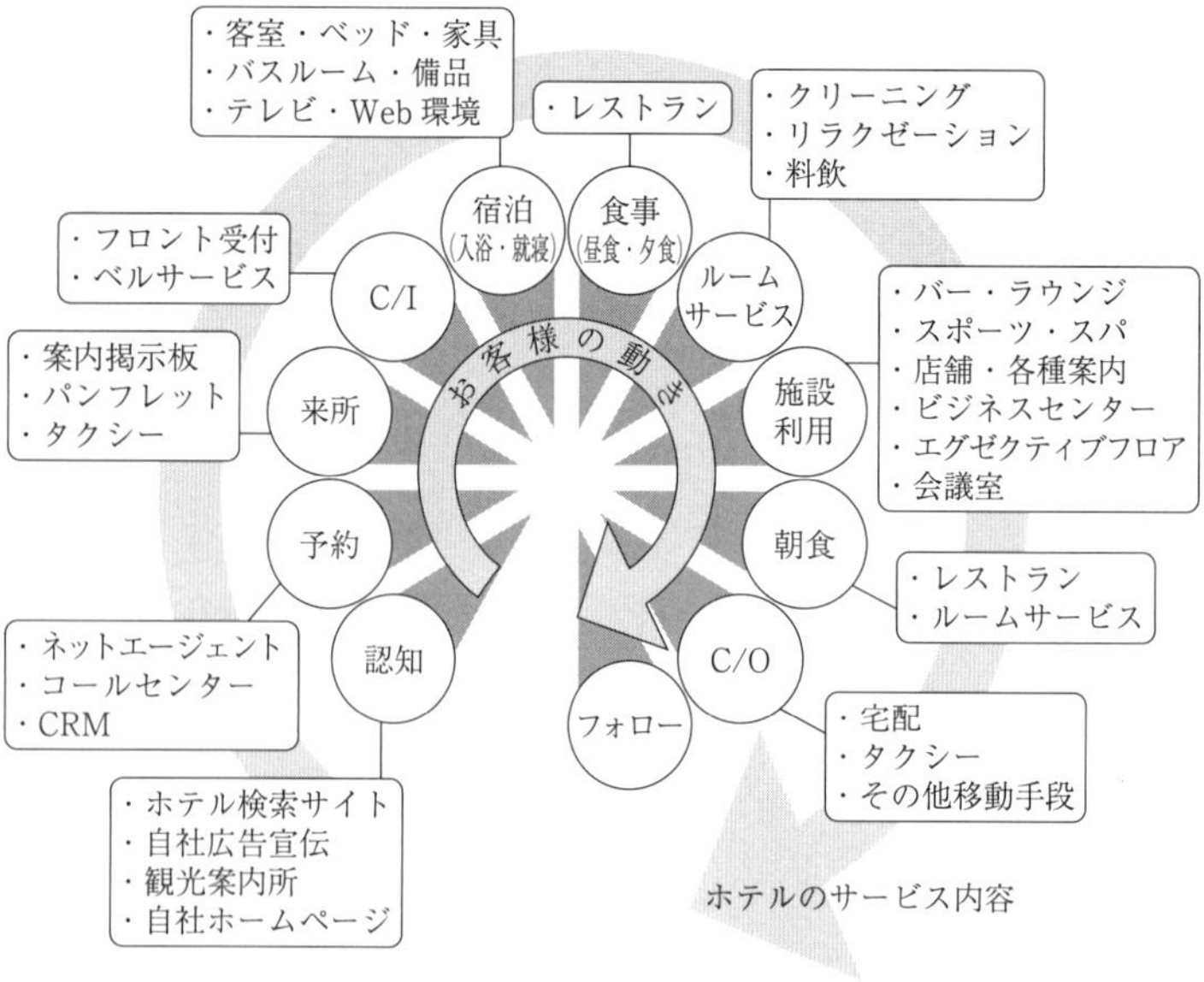

図6-4　サービス・サイクル図

出典：青木，2015年，192頁。

ところで、サービスの利用客と提供者の関係はどうなっているのかというと、図6－4「サービス・サイクル図」のとおり、場面ごとでの利用者と提供者の立ち位置がある。

例えば利用者から見たグーグルの表側サービスについては『Googleサービスがぜんぶわかる本 令和元年版』[14]などの解説本が網羅している。一方、提供者からみた、裏側サービスとして『いちばんやさしいGoogleアナリティクス入門教室』[15]といった解説がある。すなわち、提供者側には、裏側のアナリティクス＝分析ができてこそ、ということもWebをビジネスに利用するにはなくてはならない技術になる。

ここで、第1節で示した「PDCAサ

イクル」（マネジメント・サイクル）を思い出せば、Ｗｅｂにおいても逃げることはできない。

するると、中小規模の企業の場合は特に、社内の人的資源における「まずさ」が顔を出すのだ。いったいこれを誰がやるのか、やれるのか、という事態が、たちまち発生するのである。

グーグルに対抗する日本のサービス

これまでグーグルについて見てきたが、大きなくくりでいえば「オンライン」での仕組みであった。

次にここで取り上げるのは「オフライン」の仕組みを利用した日本発のサービス。京都に本社を置く、アドインテ社が独自開発したＩｏＴ端末「ＡＩＢｅａｃｏｎ」[16]である。

これは、建物内や店舗内に設置した「ＡＩＢｅａｃｏｎ端末」をもって、従来のＢｅａｃｏｎ端末の機能に加えて、Ｗｉ-Ｆｉによるアクセス情報を匿名状態で取得・蓄積することができるため、専用アプリ不要でより簡便に屋外行動データを取得することができる機能を備えている。これで得られる情報は直接的な「個人情報ではない」ため、当然個人情報保護法などに抵触することもない。

そして、これは「リアル店舗」など、実際のエリアから得る情報の活用でもあるから、ＥＣ（電子商取引）とは一線を画すものだ。

対象エリアに設置した「ＡＩＢｅａｃｏｎ端末」は、一台で直径一八六メートルという広さをカバーし、そのエリア内のスマホの電波をセンシングするビーコンをもって、スマホの持主である買い物客などの動き（回遊）のデータや閲覧履歴を収集して分析し、マーケティング情報や広告のプラットフォームを提供する。すなわち、ユーザー同意を取ったGPS情報から、端末の移動履歴＝持主の行動分析を類推し、男女、年齢、居住地や勤務地、さらには競合他社への訪問状況などが分析可能となっている。

したがって、「面」における把握となるので、例えばある「観光地」における人々の行動様式が分析可能ともなっている。

従来の方法で購買に結びつくデータを把握するには、例えば監視カメラの映像を分析するという方法もあるが、大変な手間と費用がかかるのに比して、アドインテ社は安価に提供が可能である。また、スマホに店独自のアプリを事前にダウンロードしてもらって、来店時にクーポンなどを配信する方法も既にあるが、これでは未知の客を把握できないし、未知の客に来店誘導をすることもできない。もちろん、アプリを端末から削除されれば、それでおしまいであった。

もしも、その店舗が独自のアプリを利用できるのであれば、来店した客のうちアプリをダウンロードしているか否かも把握できる方法があり、しかもダウンロードしていない客のスマホにさえネットワーク広告を出すことも可能である。さらに、店舗のPOS情報と類推照合すれば、これまでにない自社の購買履歴と本人の行動履歴を合体させて分析が可能となる。すなわち、生活履歴からの購買分析が可能となる。念のためくり返すが「AIBeacon端末」から得られる情報は、けっして個人情報ではない。

そこで、収集したデータの分析力が重要となるが、九州大学などとの連携で、独自アルゴリズムによる分析サービスも行っている。

今後は、「ＡＩＢｅａｃｏｎ」のサービス基盤をマイクロソフト社が提供するクラウドサーバーＡｚｕｒｅとの連携により、「ＡＩＢｅａｃｏｎ未来予測ＤＭＰ（Data Management Platform）」として提供開始する予定となっている。

こうして見ると「オフラインには多くの有用なデータが眠っている」ことになるから、それらをいかに掘り出すかという「データ・マイニング」という分野が注目されるのである。

自力か他力か

グーグルが提供しているビジネスツールを使いこなす、あるいは使い倒すためには、ビジネスユーザー側にもそれなりの「知識」がないと、何が何だかわからなくなるということになっている。

大手企業なら、Ｗｅｂビジネス担当者たちが、組織だって自社サイトのメンテや、ビジネス・アナリシスを駆使した分析と施策を継続して実施できるかもしれない。しかし、一方で、自社サイトの作り込みと、分析結果が異なる場合、業務が相反するので、社内調整がうまくいかない、ということもあり得るのだ。すなわち、鶏が先か卵が先かのループした議論に落ち込んでしまう危険である。

中小規模なら人手不足もあって、そんな人的資源の余裕はないから、担当者すら存在せず、社長の仕事になっていることがままある。多忙な社長が、どこまでの深い知識をもってグーグル機能と対話できるのかとなれば、そこには大きな問題があることは自明である。

けれども、SEOにしろMEOにしろ、その重要性は企業認知と収益にとってもはや無視できない。自社の利用客がほぼ全員、グーグルの表側サービスを使っているからである。

ましてや、グーグルは、前述のように、サイトを直接持つ企業には、無料だが最低限の範囲の権限しか与えていない。そこで、ライセンスを持つ、信頼できる専門家の導入が、やはり重要なのだ。丸投げしてしまっては、企業収益のための重要な施策までも他人まかせになりかねないリスクが高まる。したがって、社内に複数人（社長が含まれても構わない）からなるチーム編成をして、外部コーチを招いて「研究」する、という態度が重要になる。その外部専門家が提案する施策についての評価ができる、という体制を企業内部に確保することは、経営上大変重要なことだ。

ところで、グーグルには、ユーザーローカルガイドという仕組みがあって、様々な行為がポイント取得になる。そうしたポイント取得者にはレベル設定があって、一〇段階の階層になっている。レベル八以上になると、グーグル本社でのレセプション・パーティに全額グーグル負担で招待されるという特典がある。だから、信頼できる専門家ならこのレベルが高いことが条件になる、と言いたいところだが、ポイントを得られればよい、という目的だけにこだわっていることもあるから、単純ではない。

間違いなくいえるのは、グーグルのパートナー企業になることの「障壁は低い」ということだ。裏返せば、すさまじい競争があるので淘汰が激しい「業界」なのだ。すなわち、長く生き残っている会社にまずは注目し、信頼性や実績、技術力や運営体制などを吟味する必要がある。例えば、株式会社ウェブサークル(17)は、草分け的存在として信頼できる企業の一つだ。すべてを抱え込むのではなく、上手に専門家を利用することが、複雑なWeb戦略成功の秘けつになってきている。グーグル自体の戦略で、Webでビジネスをするユーザーが単独でできる範囲が、既に狭く、プロに任せるしかない領域ができているのである。これが『グーグルが消える日』(18)のはじまりになるかもしれない。

注

（1）青木昌城『「おもてなし」依存が会社をダメにする――観光、ホテル、旅館業のための情報産業論』文眞堂、二〇一五年。

（2）「デューデリジェンス（Due diligence）」の略。ここでいうデューデリとは、投資家が企業の買収などを行う際、相手先企業の経営環境や事業内容を、専門家である弁護士による法務面や会計士による財政面など、様々に調査・分析して、精密に現状把握をすることをいい、よって売り手と買い手の情報の非対称性を解消し、最終的な売買の意思決定を行うための手順とされていることを指す。

（3）「PDCAサイクル」とは、Plan, Do, Check, Action の頭文字をとったもので、「マネジメント・サイクル」ともいわれる。「PDSサイクル」は、Plan, Do, See を指す。前者は品質管理にも用いられる。なお、PDSサイクルの「Do」には、実行の意味と命令の意味がある。「Check」「Action」や、「See」が大事で、これを怠ると「負のスパイラル」にもなるから注意が必要だ。

（4）岩崎夏海『もし高校野球の女子マネージャーがドラッカーの「マネジメント」を読んだら』ダイヤモンド社、二〇〇九年。タイトル中にあるドラッカー『マネジメント』は、同じくダイヤモンド社から『ドラッカー名著集』13・14・15、二〇〇八年、がある。

(5) ジョン・K・ガルブレイス著、都留重人監訳『新しい産業国家』河出書房新社、一九六八年。この後、齋藤精一郎訳版が一九八四年に講談社文庫(上・下)にて出ている。「テクノストラクチャー」という様々な職場に配置された社員たちによる、企業経営の「簒奪」が起きる理由に「かれらの居心地のよさ」を挙げていることは、おそろしくも正確な企業内の人間の実態を示している。

(6) 現オーナーの宮崎富夫氏は、工学修士の学位を持つ、元本田技研工業のエンジン開発技術者で、実家の再生のために脱サラした異色の旅館経営者である。なお、本文中における経営数値はすべて陣屋提供による。

(7) EBITDA (Earnings before Interests, Taxes, Depreciation and Amortization) =税引前当期利益+支払利息-受取利息+減価償却費。「キャッシュ・フロー」に注視した「経営指標」の一つで、投資家には必須の情報である。

(8) デビッド・ヴァイス／マーク・マルシード著、田村理香訳『Google 誕生――ガレージで生まれたサーチ・モンスター』イースト・プレス、二〇〇六年。「はじめに」にあるとおり、「本書は、グーグル社の企業理念であり、戦略でもある『邪悪になるな』(Don't Be Evil) に光をあてている」。

(9) グーグルライセンス登録とは、グーグルとのパートナーシップのことで、グーグルが定めた要件を満たしていることが、グーグルによって直接確認されることで登録となる。

(10)『グーグルガイドライン』https://support.google.com/webmasters/answer/35769?hl=ja (二〇二〇年八月一五日最終閲覧)。

(11)『グーグルと相性の良いサイトを作成する方法』https://support.google.com/webmasters/answer/40349?hl=ja (二〇二〇年八月一五日最終閲覧)。

（12）鈴木良治『Ｗｅｂプロジェクトを成功に導く　戦略的ＳＥＯ思考』朝日新聞出版、二〇一八年、三三頁。
（13）「ＳＥＯが必要なケース」https://support.google.com/webmasters/answer/35291?hl=ja（二〇二〇年八月一五日最終閲覧）。
（14）『Googleサービスがぜんぶわかる本　令和元年版』洋泉社ＭＯＯＫ、二〇一九年。
（15）小川卓・工藤麻里『いちばんやさしいGoogleアナリティクス入門教室』ソーテック社、二〇一九年。
（16）株式会社アドインテが提供するサービス。https://adinte.co.jp（二〇二〇年八月一五日最終閲覧）。
（17）株式会社ウェブサークル、https://webcircle.co.jp/（二〇二〇年八月一五日最終閲覧）。
（18）ジョージ・ギルダー著、武田玲子訳『グーグルが消える日　Life after Google』ＳＢクリエイティブ、二〇一九年。

第Ⅲ部　デジタル変革時代に求められる企業組織

第7章　古典的産業訓練の重要性

青木昌城

デジタル変革時代だからこその産業および職業訓練とは何か？

デジタル対応できる人材、とストレートにいかないところが実務でのミソである。なぜなら、人間こそがアナログそのものだからであって、いかに「人を育てる」のかということにおいてこそ、アナログ力の強化が最強のデジタル対応なのである。

本章では、接客を伴う人的サービス業をイメージして論じる。

1　ＡＩとの戦い

人間とロボット、あるいはコンピューターが壮絶な戦いをする。古くからのＳＦ（Science Fiction）のテーマである。しかし、ＡＩ（Artificial Intelligence：人工知能）の技術的発達で、あながちＳＦではなくもはや現実であるといわれてきている。『機械との競争』(1)が出版されたのは二〇一三年のこと

表7-1　あと10〜20年でなくなる職業・残る職業

10〜20年後まで残る職業トップ25		10〜20年後になくなる仕事トップ25
レクリエーション療法士	1	電話販売員（テレマーケター）
整備・設置・修理の第一線監督者	2	不動産登記の審査・調査
危機管理責任者	3	手縫いの仕立て屋
メンタルヘルス・薬物関連ソーシャルワーカー	4	コンピュータを使ったデータの収集・加工・分析
聴覚訓練士	5	保険業者
作業療法士	6	時計修理工
歯科矯正士・義歯技工士	7	貨物取扱人
医療ソーシャルワーカー	8	税務申告代行者
口腔外科医	9	フィルム写真の現像技術者
消防・防災の第一線監督者	10	銀行の新規口座開設担当者
栄養士	11	図書館司書の補助員
宿泊施設の支配人	12	データ入力作業員
振付師	13	時計の組立・調整工
セールスエンジニア	14	保険金請求・保険契約代行者
内科医・外科医	15	証券会社の一般事務員
教育コーディネーター	16	受注係
心理学者	17	（住宅・教育・自動車ローンなどの）融資担当者
警察・刑事の第一線監督者	18	自動車保険鑑定人
歯科医	19	スポーツの審判員
小学校教師（特別支援教育を除く）	20	銀行の窓口係
医学者（疫学者を除く）	21	金属・木材・ゴムのエッチング・彫刻業者
小中学校の教育管理者	22	包装機・充填機のオペレーター
足病医	23	調達係（購入アシスタント）
臨床心理士・カウンセラー・スクールカウンセラー	24	荷物の発送・受け取り係
メンタルヘルスカウンセラー	25	金属・プラスチック加工用フライス盤・平削り盤のオペレーター

出典：松尾，2015年，図28。もとになったのは，Frey, Carl Benedikt, and Michael A. Osborne, "The future of employment: how susceptible are jobs to computerisations?," Sept 17: 2013.

だ。アメリカ経済は好調のはずなのに、雇用が増えないのは機械との競争が起きているからだという指摘に、「まさか」という思いが交差して話題になった。

この後、我が国では『人工知能は人間を超えるか[2]』が、より具体的に『機械との競争』についての議論を深めたのは、二〇一四年にオックスフォード大学が発表した研究報告が紹介されたからでもあった。それは、今後一〇～二〇年ほどで、アメリカでの七〇二の職業のうちの約半分が失われる可能性があると指摘したからだった（表7‐1）。

果たして、この表中に「残る職業のトップ25」として、一二位に「宿泊施設の支配人」がランクインしているのは喜ばしい。しかし、ストレートに喜べるかとなると、話は別である。

現場で「兵隊」が足りないことばかりが人手不足として議論されているが、本当は「マネジメント」できる人材が不足している。トップから中間層まで、深刻なのは人材の「育て方がわからない」という問題であり、さらに「マネジメント」とは何かを知らない。それはまさに「アナログ」の世界での大問題なのである。

コンピューターは「読解」できない

犬が犬であるように、コンピューターとは計算機である。

二〇一八年のベストセラー、新井紀子『ＡＩ vs. 教科書が読めない子どもたち[3]』は衝撃的だった。幸か不幸か、ＳＦのような人間を支配するコンピューターは、当面出てこないと、数学者の著者が太鼓判をおしている。しかし、それよりはるかに「緩い」けれど、今「AI」といわれているものも、あながち侮れない。

コンピューターに「大学受験」させてみると、MARCH（明治、青山、立教、中央、法政）といった有名大学に合格できるレベルになっているのだ。けれども、この研究ではっきりしてきたことは、計算機であることの宿命、すなわち数式にできないものや、数式にできても計算できないものが、「文章読解」であった。つまり、コンピューターは「意味を理解できない」のである。

これは、わかりやすい数学の本でも説明されている。例えば、大上丈彦『図解　眠れなくなるほど面白い　微分積分』に奈良の大仏の体積を求める積分の式が説明されている[4]。大仏の頭部には、九六六個の螺髪《らほつ》がある。標準サイズの体積をふつう dv（ディーブイ）という記号にして表すから、螺髪＝dv とすると、「$\int$ 奈良の大仏 dv」という積分の計算式が書ける。しかし、式ができても計算できるとはかぎらないのである。

そもそも式にも書けない、式に書けても計算できない、ということが、計算できる、ということよりはるかに広い範囲で存在するのだ。学校で習う「数学」は、式に書けて計算できるもの「だけ」である。

新井は次のように指摘している。「長い歴史を通して、数学は、人間の認識や、人間が認識している事象を説明する手段として、論理と確率、統計という言葉を獲得してきた、あるいは、獲得できたのはその三つだけだった（中略）論理、確率、統計。これが四〇〇〇年以上の数学の歴史で発見された数学の言葉のすべてです。そして、それが、科学が使える言葉のすべてです。」「数学が発見した、論理、確率、統計には、もう一つ決定的に欠けていることがあります。それは『意味』を記述する方法がないということです。」(5)

数学に意味を記述する方法がない、ということは、数学を苦手にしてきた文系としては、大いに納得できるものだ。しかし、この指摘は、AIそのものの限界を示すものでもある。

例えば、画像認識という技術も、画像を構成する一つひとつの光る「ドット」の周辺を、強烈なスピードで「行列計算」をして、特徴を確率的に照合しているに過ぎない。音声認識も同様で、音の波形を解析しているだけだ。その中の、いくつかの単語や短文の波形に対して、確率的に返答しているに過ぎないのだが、意味を理解しようとする人間が「勝手に」、AIは意味を理解していると捉えている。

これは、むしろ、人間の本能がそうさせているのだが、それは、事実が不気味すぎるからである。しかし、その程度のAIが、有名大学合格レベルに達したということは、やはり人間の職業に対して重大な脅威となる。問われるのはAIではなく、人間側の能力で、昨今、読解力不足ということが、世界的な教育問題になっているのである。つまり、決定的に意味を捉えることが困難なコンピュータと、生身の人間が同じように意味を解さないということになってしまってきたのだ。

職業能力としての特性が、AIと人間に違いが少なくなってしまったということになれば、圧倒的にAIの有利さが注目されてしまうのである。

将来もなくならない職業に、宿泊施設の支配人がランクインしているのも、人間が人間を理解する必要があるからであって、その「理解度＝読解力」が減衰すれば、どんなことになってしまうのか、ということなのだ。

したがって、表7-1の「残る職業」についても、無条件に職種としてAIが参入しないのではなく、人間がやるべき仕事である、という意味だと考えた方がいい。

さらに、論理、確率、統計の分野をいかに使いこなすかが人間に問われるのであって、人間が、論理、確率、統計を学ばなくていい、ということにはならない。これは、本書第6章におけるWebマーケティングでも指摘したことだ。

コンピューターなどの道具を使って、いかに従来よりも速くそして深く基礎数学を習得した上で、コンピューターに対して絶対的な優位である「理解度＝読解力」を研くかに、人間の将来がかかっているのである。この意味において、学校教育と産業訓練の繋がりは極めて重要である。現代的「読み・書き・算盤」教育の必要性は、過去とは比べようもないほど、人間の一生を左右する重大事となっている。このことこそが、「機械との競争」に人間が打ち勝つ、「勝利の方程式」なのである。

産業史にサービス業がなかなか出てこない

かつての我が国を一言でいえば「ものづくり」が常識だった。

製造業こそが基幹産業である、ということ自体は、今も変わってはいない。しかし、八〇年代のおわりに起きた、ソ連・東欧圏の体制転換と、ほぼ時を同じくした中国の改革・開放政策によって、「世界の工場」が、東アジアでは日本から中国へ移転した。

とはいえ、ソ連東欧圏の体制転換と中国の改革・開放政策の時期に、我が国は「バブル経済」の絶頂でもあったから、その後のバブル崩壊の後始末であった不良債権処理が金融危機になって、世界的大転換に気がつかなかったというお粗末があった。

それから三〇年、いまだに世界的大転換に対応できず、昭和の高度成長型経済を追い求めている。しかも、これは成功体験がある製造業の話に限定されていない。むしろ、製造業がけん引した我が国の高度成長に便乗したのがサービス業であったといえよう。ところが、この「便乗」も意識されていないのではないかと、筆者は疑うのである。だからこそ、昨今の「観光立国」というスローガンの「薄さ」が気にかかる。

まず、『日本職業訓練発展史〈戦後編〉』[6]を参考にトレースすると、残念ながらサービス業界の記述が存在しない。まさに、製造業こそが基幹産業であることの証になっている。

ただし、食糧難というサービス業には不幸な時代が「戦後」のスタートであった。一九四七（昭和二二）年「飲食営業緊急措置令」が施行され、喫茶店、外食券食堂、旅館を除く一切の飲食業が全国的に禁止された。このため、各ホテルの飲食部門も、外食券による食事以外は営業ができなくなった。この措置令は四九年まで続く[7]。「飲食産業」それどころではない、食うや食わずの時代であった。

そこで、いったん製造業の世界がどうであったかを確認しておきたい。サービス業の人士たちは、とかく製造業との違いを意識し、これを蔑視する傾向がある。ならば、この機会に、製造業の世界をかいま見ておこう。

製造業の職業訓練史

まず、敗戦までは、江戸期から続く「徒弟制」の継続が指摘できる。

敗戦までの旧制学校教育制度は、いわゆる「工場労働者」といっても、若年工の供給に力点があった。明治以来の尋常（高等）小学校は昭和一桁世代まで、その後の国民学校世代は、戦後といえどもまだ子どもだった。

「徒弟制」における訓練は、今でもいわれる「見て盗め」であるから、およそ「訓練」にふさわしいかどうかの議論はある。ただ、ここに人間教育としての側面を含めれば、平均寿命が五〇歳という一生の時間配分の中で、職業選択における「この道一筋」しかなかったと考えられる。

戦後、この問題で最初に登場するのは、労働基準法である(8)。

　敗戦による企業内養成工教育の崩壊とその反省として「労働基準法第七章技能者の養成第六十九条（徒弟の弊害排除）使用者は、徒弟、見習、養成工その他名称の如何を問わず、技能の習得を目的とする者であることを理由として、労働者を酷使してはならない。

2　使用者は、技能の習得を目的とする労働者を家事その他技能の習得に関係のない作業に従事させてはならない。」とある。

そして、産業訓練の一大エポックになる後述する「TWI」の導入は、職業安定法との関係で登場する。

労働省は、さきに職業安定法第三十条に基づいて工場事業場の行う訓練の技術援助を行うこととなり、この援助を監督者訓練に限定することにしていたが、一九四九（昭和二十四）年五月GHQ勧告もあって、その方式として結局TWIを採用することにしたわけである（『職業安定広報』臨時増刊号、昭和二十八年十一月号、五一頁）[9]。

ここでいうGHQ勧告とは、いわゆるマッカーサー指令である。

そもそも「TWI（Training Within Industry）[10]」は、アメリカ陸軍が開発した産業訓練手法で、第二次大戦前、戦争がせまる中アメリカ国内で武器弾薬その他軍事物資の大増産が行われた。軍需工場には、周辺の民間工場から監督者が呼び寄せられたが、人材を提供した民間工場主から、人手不足の苦情が軍に殺到した。そこで、かねてより開発していた本訓練手法が実施され、民間工場における人材の早期育成に大いに貢献したのである。

このことを陸軍の幹部であったマッカーサーも承知していて、日本での産業復興をはかるため一九五〇（昭和二五）年に導入させたという。その対象が、日本に進駐したアメリカ軍基地内での日本人従業員と、部品等の納入業者である日本の製造業者だった。

大野耐一『トヨタ生産方式』[11]の八割がＴＷＩの考え方ではないかともいわれる。実際に、トヨタは独自性を加味しながら、いまやＴＷＩの世界的権威かつ実践工場になっている。しかし、当時トヨタにおいてさえ、徒弟制の弊害があって、労働組合から導入要請があったとされていることは注目される[12]。

また、一九五一（昭和二六）年には、産業教育振興法ができているから、いかに国家として重要な課題だったかがわかるのだ。

ＴＷＩと並んでアメリカ軍から導入されたもう一つの訓練プログラム、ＭＴＰ（Management Training Program）は、東京の立川アメリカ空軍基地から始まる。もともとは一九〇〇年代から研究が開始された現場管理職育成法である[13]。

上述の産業教育振興法を受けて、大企業の東京芝浦電機が、最初にＭＴＰを導入した。ここで注目したいのが、会社が「教育要綱」を定め、従業員に対して行う教育の基本方針と体系を明示したことである[14]。つまり、場当たり的でない、ということだ。組織は進化もするが、退化もする。このときからほぼ七〇年を経た現在の東芝に、当時「教育要綱」を定めた気概がいかほど残っているものか。

ＴＷＩとＭＴＰの教育機関として、社団法人日本産業訓練協会が設立されたのは、一九五五（昭和三〇）年である。協会公認のインストラクター養成講座を修了したインストラクターは、ＭＴＰで二〇一七年までで四〇〇〇人、受講者数は一〇〇万人を超えている。ＴＷＩにいたっては、公認インストラクターだけで二万人を超えている。[15]

つまり、大手を中心とした製造業において、TWIとMTPは社内教育体制の中にあって、「常識的」な教育訓練法の位置づけであったといえる。

MTPについていえば、本研修を「経て」管理職に昇格する、というのが製造企業の常識であった。これは、管理職に昇格する前の職務において、マネジメントの基本は習得済みであることを表している。また、組織という人間集団におけるマネジメントの基本を管理職になる前に習得している職場が、どのように機能するかを想像するに、現場技能の習得であるTWIと併せて考えれば、車両の両輪として、我が国製造業の「強さ」の秘密がここにあったといえるのである。

とはいえ残念ながら、中小規模の製造業では、当初、間に合わなかった。

訓練方法については支配的に戦前の工場徒弟形態を受け継いでいた。それは一口でいえば、組織的・計画的養成訓練の形態をとらない雑作業、補助作業に従事しながら見様見まねの経験を主とした職場訓練（OJT）であった。[16]

このOJTこそ、今に続く人的サービス系の基本訓練法である。

しかし、高度成長期になると、一九七〇年には四九九人以下の中小規模の企業でもTWIの普及は六一％に達している。ただし、管理者教育としてのMTP実施状況は、一九六三（昭和三八）年の日経連の調査で、一〇〇～三〇〇人未満の中小企業における実施率は一六％に過ぎない。[17]

経営規模による体力差というのは簡単だが、中小企業の現場重視、マネジメント軽視という傾向がはっきり見てとれるのは、半世紀を経た現代に通じるものを感じる。

品質管理

製造業、中でも大企業を中心に産業訓練に励んだ理由は、ＧＨＱ（マッカーサー指令）から、あるいは、その意向を受けた日本政府の関連法改正などが、外部的圧力としてあったことは上述のとおりである。しかし、企業の内部的に別の事情があったと考えられるのは、統計学者にして、品質管理の専門家デミング博士を招き、製品の品質向上に努めた背景もある。

「安かろう悪かろう」という日本の工業製品に対する世界的評価が、「Ｊａｐａｎ品質」といわれるまでに変化したのは、ＴＷＩとＭＴＰに、品質管理を加えた三位一体の活動の成果であると考えられる。それもそのはずで、ＣＣＳ（ＧＨＱの部局であった民間通信局：Civil Communications Section）が経営者講座を開始したのが一九四九年で、これは、我が国で最初の近代的マネジメントに関する教育プログラムだった。ここに、品質管理も含まれていたのである。(18) すなわち、これら三位一体のすべてが、ＧＨＱという占領組織を源流としているわけで、日本のオリジナルではない。

ところが日本は、こうした「輸入品」を、独自に進化させるという世界に類を見ない得意技ですっかり吸収し、後述するが、またそれを本家アメリカに輸出するという技まで見せるのである。

ただし、一つ条件をいえば、それは「現場の強み」のことであって、「経営の強み」にはとうとうなっていない。このことが、現在の我が国全体の経済問題（＝企業経営問題）のはじまりではないかと思われる。

さて、品質管理といえば、「QC（Quality Control）」である。

製造業にとっての「QC」は、「QCサークル」活動を通じて実践されてきた。また、その管理手法として、「QC七つ道具」や「新QC七つ道具」が知られているし、「QC検定」[19]も受験者は多数である。また、QC検定は簿記検定と似ていて、四級・三級がサービス業（簿記なら商業簿記）、二級・準一級・一級が工業（簿記なら工業簿記）というように区分することもできる。協会の説明では、四級・三級の受験対象者は高校生以上になっている。

八〇年代、スタグフレーションにみまわれたアメリカ合衆国政府は、国家プロジェクトとして「日本経済・企業研究」を二年間かけて実施した。メインテーマは「日本経済の強さの秘密は何か？」というものだった。その結果は、「品質にこそ利益の源泉がある」で、これは、品質にこだわればコストがかさんで利益を失う、という考えが主流だった、当時のアメリカ経済界に衝撃を与えた。

そこで、一九八六年から三年間、マサチューセッツ工科大学（MIT）が、学内の総力をあげて米日欧の産業研究を実施した。出てきた成果は、「アメリカの製造業は日本のようにならなければならない」だった[20]。

それを受けて共和党レーガン政権が打ち立てた「マルコム・ボルトリッジ国家品質賞」は、その名のとおり「品質」や「品質管理」にたけた企業を、直接大統領が表彰するという制度である。一九八八年から授与が始まったが、注目すべきは、九二年と九九年の二回、リッツ・カールトン・ホテルが受賞していることである[21]。この事実は、アメリカのホテル業において、品質管理が経営課題になっていることを如実に表している。

一九四八（昭和二三）年から始まるデミング賞は、我が国で最も権威ある品質に関する表彰制度だ。主催は日本科学技術連盟で、審査委員長は必ず経団連会長なので、財界で一番の賞である。賞の名前になっているデミング博士は、前述のように、終戦直後から日本製品の品質管理について統計的手法を使う指導をしてくれた、我が国産業界の恩人である。八〇年代になって、品質がキーになると理解したアメリカで、一時デミング博士は自国ではなく敵国日本に貢献した「裏切り者」として非難されたこともあったが、博士は全米を講演して品質管理手法のアメリカでの普及に努めた[22]。

こうした逆輸入は、ＴＷＩにもいえる。かつてのシャープに勤務していたアメリカ人が帰国し、アメリカでのＴＷＩ普及に努めた。戦後、戦勝国のアメリカでは、面倒なＴＷＩは廃れてしまって、もう誰も知らなかったからである。

実際、アメリカでは近年になって、医療分野におけるＴＷＩの普及が注目されている。これも日本からの逆輸入の成果であるが、これをさらに、日本に輸入したのが後述する筑波大学病院である[23]。

2 《ケース》産業訓練としてのＭＴＰとＴＷＩ

人的サービス業での人材育成プログラムといえば、圧倒的に「ＯＪＴ（on-the-job training）」が採用されてきた。いってみれば、現場における先輩から後輩への、仕事や作業を通じての「伝承」のことでもある。したがって、その内容が本当に「伝承」されるものとして正しいのかという点についての吟味はほとんどされていない。すなわち、かつての「徒弟制度」の延長であって、そこには絶対性まで含まれているから、合理的な方法とそうでない方法が混在している可能性も否定できない。

案外根が深い問題がここにあるのだ。

業績不振企業の特性として、残念ながら「合理的ではない方法」を絶対として伝承していることがままあるのは、その方法についての合理的な発想における見直しがなされていないからである。すると、これは、マネジメント（経営）の問題なのだ。

サービス業ではどうだったのか？

前述のように、食糧難の時代にあって、闇市が盛んであった事情を考えると、まさにそれどころではなかったのだが、大手ホテルには、ＧＨＱからの接収という問題が加わる。

連合国との降伏文書調印（一九四五〔昭和二〇〕年九月二日）をもって戦争は終結し、翌日からが

「戦後」となった。しかし、これより前に進駐してきた連合軍のために、八月三〇日から、ホテルニユーグランド（横浜）、バンドホテル（横浜）、逗子なぎさホテル（当時横須賀市）、鎌倉海浜ホテルが接収されている。東京では、帝国ホテル、第一ホテルが九月八日に接収された。解除になるのは、帝国ホテルが一九五二（昭和二七）年三月一五日で、最も遅かったのは甲子園ホテルの一九五七（昭和三二）年一二月一五日である。[24]

このような状況下、産業訓練どころか、担当将校による支配に汲汲としていたという。すなわち、せいぜい上述した中小規模の製造業に見られる、徒弟制度的形態で、見様見まねの職場訓練（ＯＪＴ）であったに違いない。製造業にＴＷＩとＭＴＰをもたらした、同じ軍人とは思えない対応の違いである。

しかして、接収のプラス面として、帝国ホテルの犬丸徹三は『ホテルと共に七十年』において「日本のホテル業界は占領政策から多大の教示を得た」として、それはあたかも従業員全員が留学したのと同様の効果があったという。[25] こうでも言わなければ、気持ちのやり場がないという事情がうかがえる。

けれども一方で、製造業の中で何が起きていたのかについて、知りようがなかったとも考えられる。従業員全員が留学したと思えるほど、日本人客がいなかった、ということでもある。

その意味で、「接収」とは、世の中からの「隔離」でもあった。

ＧＨＱ将校たちの家族を呼び寄せるにあたって、連合軍からの要請を受けた終戦連絡中央事務局と東京都は、一九四六年にメイド養成学校を設立し、三期九〇〇人が連合軍将兵の家庭に勤めた。この学校が「産業訓練」の場であったのかというと厳しい。時系列で見れば、メイド学校の方がTWIの実施よりもはるかに早いし、日本人メイドが産業であるという概念が、当時はなかったのではないかと考えられる。それは、料理やベッドメーキングその他の実地訓練で、最も役に立ったのが聖路加病院における米国式乳幼児の取り扱い方だったということからもうかがえる[26]。

今でも、地方の宿泊施設に行くと、客室清掃業務のメイドは家庭の主婦の仕事の延長だと考える経営者がいるのは、産業訓練という概念が薄いからではないかと思われる。

例えば、ビル清掃のプロフェッショナルとして知られる、新津春子がその仕事において受けた訓練は、けっして主婦の仕事の延長ではない。彼女は、職業で得た清掃の技を、自宅で応用しているのである[27]。

客室清掃業務が、多くの宿泊施設で業務委託化され外注化となったが、この目的は、本来のプロフェッショナルが請け負うという結果品質を求めたものではなく、コスト削減に重きがあったことは否めない。これは、産業訓練の必要性認識の裏返しであったのではないか。つまり、その業務は特段の産業訓練を要しない、と判断すれば、安いに越したことはないからである。

だから、けっして地方の経営者だけが問題ではないだろう。

前回の東京オリンピック（一九六四年）までの道のりで、成長基調に乗ったのは宿泊業界も観光業界も同じだった。

そこで、経営は管理手法としての「ＨＲ」（人間関係論：モラールサーベイ、提案制度、人事相談など）導入を試みたようである。しかし、それが品質向上のための手法というよりも、労務管理の強化と捉えられたようで、『帝国ホテル労働組合五〇年のあゆみ』(28)によると、会社によるＴＱＣ（Total Quality Control：会社的品質管理）の導入は本館開業を控えての新しい職制訓練としてネガティブに受け入れられ、かえって六九年以降の組合活動が刺激されたようだから、まずい手だったといえようか。

リーディングカンパニーとしての帝国ホテルなので、各社に波及したと思われるのは、加藤尚文『ホテル――企業と労働』(29)に、「ホテルマンはこうしてつくられた」という項目がある。この記述をトレースすると、意外にもＴＷＩの影響を見つけた。いずれも帝国ホテル従業員へのインタビューである。

・客室課係長、昭和五年生まれ、（中略）まったくの徒弟的訓練を経てきたが、いま、若いひとにたいする教育方針は「わかるまで教える」（原文傍点）ということである。

・フロント課係長、フロント・チーフ、昭和五年生まれ、（中略）指導三〇～四〇％、実務六〇～七〇％で、係長総員で部下を教育することとしている。「ルールを破ってはいけない」と「職を手にした人間」がモットーである。

・収納課係長、大正一四年生まれ、（中略）現在指導三〇、実務七〇だが、「部下指導にはマニュアルを用いている」（原文傍点）という。

・食堂酒場課課長代理、昭和四年生まれ、（中略）「一年目は春夏秋冬おわれどおし、二年目で去るか残るかがきまり、三年目から〝いばっていられ〟、五年で熟練」との解答（＊ママ）であった。

・調理課東館係長、昭和四年生まれ、（中略）なにせ「すべて自分でおぼえる」（原文傍点）のである。「当時は包丁も私物」（原文傍点）であった。一種の独立小生産者とおもえばいい。（中略）いまは、「自分がうけた旧職人的教育法を意識的にあらためている」（原文傍点）。

なお、銀座東急ホテルの土肥勝太郎氏へのインタビューでは、「これからのコック育成法は、ＴＷＩ式になる」（原文傍点）であろうし、現にそうしているという。

「わかるまで教える」、「ルールを破ってはいけない」、「職を手にした人間」、「部下指導にはマニュアルをもちいている」というＴＷＩ用語があるかと思えば、とどめにズバリ「これからのコック育成法は、ＴＷＩ式になる」がある。

この本の出版が七二年だったから、近辺で何かあったのだろうか。

やはり帝国ホテルの例を引くと、本館建設中の一九六八（昭和四三）年に第一次ＭＴＰ研修（一六〇人。四四年に完了）、翌六九年、管理職対象にＴＷＩコース中「人の扱い方」研修を実施したという記事がある。[30] 記事中「第一次」とあるが、その後の記事に「第二次」の文字はみあたらない。

筆者は一九八六年に帝国ホテルへ入社したが、入社三年後、八九年から「基礎的接遇マナー向上」というテーマのもと、「帝国ホテル接客サービスマニュアル」による訓練に参加したのを記憶している。これは、ＯＪＴと、自社トレーナーによるＯｆｆＪＴとによる訓練体系だった[31]。すなわち、上述したＭＴＰとＴＷＩは、本館完成後のために一度だけ実施されたと考えられ、その対象者たちの「証言」が、前述のインタービュー記事になったのだとすればつじつまが合う。労働組合がＴＱＣに反発して組合活動が活発化する時期も、ＭＴＰ研修の直後であることを考え合わせると、全体の目的と実施した内容がチグハグなことは否めないから、大変残念なことである。むしろ、インタビュー記事からすれば、ＭＴＰとＴＷＩ研修の効果はかなりあったと考えられる。銀座東急ホテルのＴＷＩ式人材育成がその後どうなったかに興味はつきないが、残念ながら今回は追跡できなかった。

しかしながら、高度成長の真っただ中の七〇年代初めまでに、我が国ホテル業界がＴＷＩとＭＴＰの両研修導入を試みたことは事実であった。

事前に話を聞いた日本産業訓練協会によると、サービス業についての訓練記録が皆無であるという情報に気落ちしていたが、先人たちが試みていたことが確認できたのは、将来を考える上での朗報に違いない。また、最近のベストセラー『イオンを創った女[32]』に、ＭＴＰ実施のエピソードが記述されている。

ただし、ホテル業界は、前述した製造業の中小企業に見られる事例と時を同じくしていることに注目すれば、「そのレベル」であるともいえる。しかもこれは大手での事例であるから、宿泊業における中小では、現在でも製造業における終戦後レベル、すなわち徒弟制度的形態が残存しているのが実

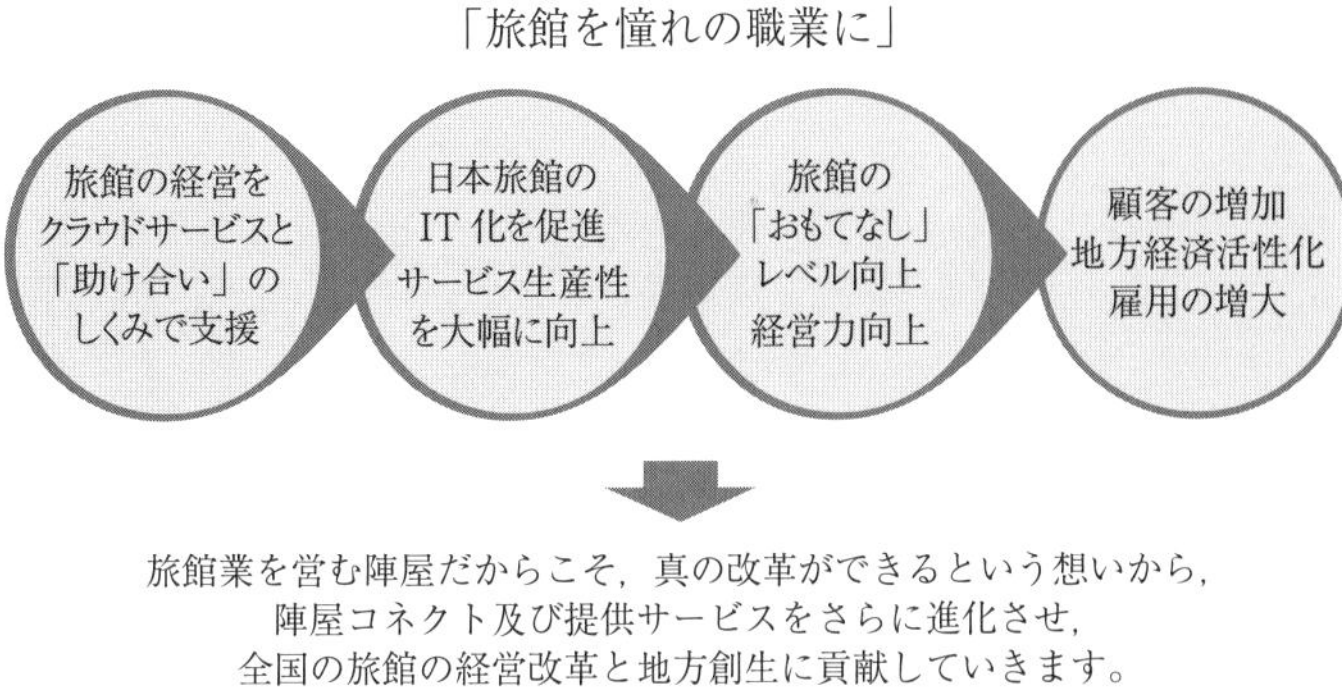
「旅館を憧れの職業に」
旅館の経営をクラウドサービスと「助け合い」のしくみで支援
日本旅館のIT化を促進サービス生産性を大幅に向上
旅館の「おもてなし」レベル向上経営力向上
顧客の増加地方経済活性化雇用の増大
旅館業を営む陣屋だからこそ，真の改革ができるという想いから，
陣屋コネクト及び提供サービスをさらに進化させ，
全国の旅館の経営改革と地方創生に貢献していきます。

図7-1　陣屋グループのビジョン

態であるのは、残念ながら事実である。すると、その時間差はほぼ「八〇年遅れ」ということになる。

これが、人手不足の「正体」の一つではないか。すなわち、余りにも「古い」ということが、職業としてや職場としての魅力を主張することができない。それを「おもてなし産業」という言葉だけで誘引しても、実体が伴わなければ転職されてしまうのは当然である。

裏返せば、とりあえず時間差を無視して、「古さを捨てる」ということで、魅力ある事業展開ができるのだと証明した、第6章で紹介した「陣屋」の事例をあらためて思い出したい（図7-1）。

「マニュアル」の誤解

「マニュアル」が日本に輸入されたのは、銀座三越に出店した日本マクドナルドの一号店に象徴される、ファストフードがはじまりである。マクドナルドの経営面からの「画期」とは、飲食サービスを「工業化した」ことだといわれる。その後の東京ディズニーランドの開業で、サービス業における「マニュアル」が、あたかも人間性を無視した「機械的」なイメージで浸透してしまったのは、まさに不幸なことであった。「工業化」と「人間性の無視」とが同時にインプットされてしまったからである。

「マニュアル」とは、「今の時点で考えられる最もうまいやり方」を記述したものである、と定義できる。

例えば、二〇一三年に公開された映画『ゼロ・グラビティ』において、主人公が地球帰還のために訪れる各国の宇宙ステーションにおいて、「緊急時マニュアル」を探すのは、最もうまい「帰還」のやり方が記述されているためである。

これが、我が国では、単純に「今の仕事のやり方を書いたもの」になったから、「マニュアルづくり」とは、今やっている仕事の内容を記述することである、という「誤解」になった。現場では、毎日繰り返すルーチン業務がたくさんあるので、現場のベテランほど、マニュアルを「読まない」。今やっている仕事の内容が書いてあるのだから、読む必要などないのだ。

そこで、あらたに職場に配属された人用の「読み物」になってしまうのだ。けれども、現場では小さな工夫による業務改善が日常的に行われていながら、マニュアルの「書き換え」は誰もしない。こうして、時間の経過とともに、マニュアルの「陳腐化」が進むのである。それを知っているベテランが、新人に「体で覚える」ことを推奨する。こうして、徒弟制度的形態が今の時代にも出来上がるようになっている。

したがって、上位概念としての「自社ビジネス・モデル＝事業コンセプト」を実施するための「品質管理」。その「品質管理」を日々行うための「現場マネジメント」、そして「マニュアル」という、一連の道具立てがなければ、たちまちにして徒弟制度がやってくると考えればよい。するといま考えられる最もうまいやり方には、事業コンセプトも目指すべき品質も、そのマネジメント方法も入っているのである。だから、定期的なマニュアルの見直しは必須の業務になる。ここ一番、マニュアルを見ないで仕事ができる、ということは、ありえないのである。

マニュアルの誤解による軽視は大変深刻な事態を招く。

例えば、齋藤誠『震災復興の経済学』(33)において、東日本大震災の福島第一原発におけるマニュアルのそもそもの低い「扱い」と、緊急時における「無視」という信じられない対応が、全電源喪失という事態の中で発生していたとある。「マニュアル」には、全電源喪失という事態の対応策も記述が「あった」のだ。この書では、津波という天災によるという原因説明を排除して、マニュアル無視の人災であると結論づけている。

つまり、「マニュアル」においては、いま考えられる最も「いけないこと」についての対策も用意すべきだ、ということになる。まさに危機対応の一丁目一番地でもあるのだ。

運転員がアメリカ人だったら、果たしてあのような甚大な事故が起きただろうか。

これは、ふだんから「マニュアル」を読まない、という現場でよくある話が、あろうことか原子力発電所という場所でもそうだった、という事例である。

品質を管理してムラやムダをつくらないという思想は、「標準化」という概念を抜きに実現できない。これをサービス業では従来、「金太郎あめのようなサービス」、あるいは「マクドナルドのようなサービス」として忌み嫌ってきた。けれども、重要なのは、自社のビジネス・モデルにおける「標準化」なのである。

マクドナルドのようなサービスをするのが「マニュアル」に頼った仕事なのではなく、あれは、マクドナルドのビジネス・モデルを達成するためのサービス・マニュアルなのである。だから、自社のビジネス・モデルすなわち第6章で説明した「事業コンセプト」にしたがった品質を達成するための「マニュアル」だという認識があって、初めて体系化ができるというものだ。

さて、その体系化ができたとして、組織を運営するのは、やはり「人」なのである。ここに、ＡＩが入りこむ余地があったとしても、サブシステムの「支援」に過ぎないだろう。本章冒頭に論じたように、コンピューターは「意味を理解しない」からである。

したがって、組織を運営するときの「セオリー」をその組織の構成員たる人間たちが身につけているかいないかで、組織そのものの「アウトプット」が異なるのである。つまり、いわゆる「パフォーマンス」が違う。同じ業態で、同じ規模で、業績が違うのは、組織内部の「練度」によるのである。

練度の差をつくる産業訓練

ＭＴＰとＴＷＩの歴史的背景について論じたが、以下ではその内容を解説したい。

「二人以上の人々の意識的に調整された活動または諸力のシステム」を「組織の定義」という。[34]

人間が二人以上集まって、同じ目標にむかって活動すれば、それは組織による活動になる。ひと一人では、組織にならない。けれども、単に同じ目標にむかって活動するよりも、役割分担を定めたり、ルールを決めることで、より効率化されるだろうから、これを「システム（仕組み）」というのである。コンピューター・システムも、この仕組みの中の要素に過ぎない。

つまり、組織を動かすための要素には、あらかじめ決めた仕組みとしてのルールが、決めたとおりに動くことを前提としている。そして、その実行を担うのが、組織内の一人ひとりの人間なのである。だから、これらの人間が、そういったルールを守るだけでなく、ルールの背景にある「原理＝意味」を知ることが重要なのだ。なぜなら、組織内のルールは無限に設定が可能であり、無原則に設定してしまうと、今度は組織自体ががんじがらめになって、非効率に陥ってしまうおそれが高くなるからだ。

そのためには、マネジメントの原理を一定の構成員が知っていることで、ルールの運用だけでなく設定も考慮できるようになる。すなわち、自立して、自らが成長できる組織をつくることができるのである。だから、マネジメントの原理を一定の構成員が知らないままの組織は、決められたルールの硬直的運営しか期待できず、あるいは、それが徒弟制度的形態に陥ってしまうのである。

従業員数が一千を超えるような大企業では、おのずと組織運営こそが経営の大部をなす。製造大企業において早くからMTPが導入されたのは、GHQの指令や法制化というトリガーがあったにせよ、徒弟制度的形態のままでは戦後の企業組織が動かないという、身近で切実な問題であったからであろう。

高度成長による「余裕」を背景に、中小企業でも採用されたのは、中小といえども、実際に自社の規模も拡大したから放置したままでは組織運営ができないという事情があっただけでなく、大企業の下請けとして、発注元の大企業との業務のすりあわせのため組織運営方法も合致させる必要があったのである。つまり、練度の高い組織でなければならなかったのだ。

労働者と経営者とは、本来「協働」するもので、世にいう「対立構造」とは別物である。このことは第8章で論じることとして、次にMTPとTWIの内容について見ておこう。

MTP研修：マネジメントのセオリーを習得する

何年前からのことか、もう二〇年以上はたつだろう。「管理職になりたくない」という要望がホテルの現場で真剣に聞かれるようになった。それは、接客という「職」にこそ魅力があり、そのための技術を努力して磨いてきた自分に対する「裏切り」でもあるからだった。管理職になると、デスクワークが中心になって、さらに、労働組合との折衝に明けくれる。あこがれの先輩が、管理職になって覇気がなくなってしまった姿を、部下はしっかり観察していたのだ。

しかし、これは会社にとってけっして良いことではない。また、管理職とは何かという意義や役割を考えると、放置できることでもないだろう。「協働」の崩壊になりかねないからだ。首都大学東京社会科学研究科の西村孝史准教授の指摘が参考になる。(35)

管理職が育ちづらい状況だからこそ、管理職本人の能力向上はもちろん、部下のキャリア発達や職場の雰囲気づくりを促す点でも、シグナルの発信元である管理職教育の重要性が更に高まっているのです。

前述のように、かつて製造業大手はこぞって、管理職に昇格する前にMTP研修を受講させていた。それは、中小企業が後にMTPを導入せざるを得なくなった理由の一つ、取引先企業との人材においてのすりあわせという意味があった。また、この恩恵は労働組合にもあって、管理職前の受講だからこそ、労組幹部もMTPを受講しており、それが労働組合という組織運営の基盤にもなったのである。

いまや「ダイバーシティ」、「多様性」が謳われる時代である。組織構成員の「個」が重視されるなら、それはかえって「マネジメント力」が組織パフォーマンスに多大な影響を与えることを意味する。「マネジメント手法」の「セオリー」を組織全体で学ぶことは、それがどんな組織であっても普遍的な効果をあげる。なぜなら、組織は必ず人間集団で構成されるからである。したがって、「継続は力なり」のごとく、「マネジメント」が「組織風土」にならなければならない。

社団法人日本産業訓練協会によるMTP研修コースの対象者と概要は図7-2、表7-2に示した[36]。その特徴は、以下のとおりである[37]。

・標準二八時間で、マネジメント（管理）の基本を体系的に学ぶ。
・組織の中で、仕事をどのように運営して成果をあげるかを学ぶ。

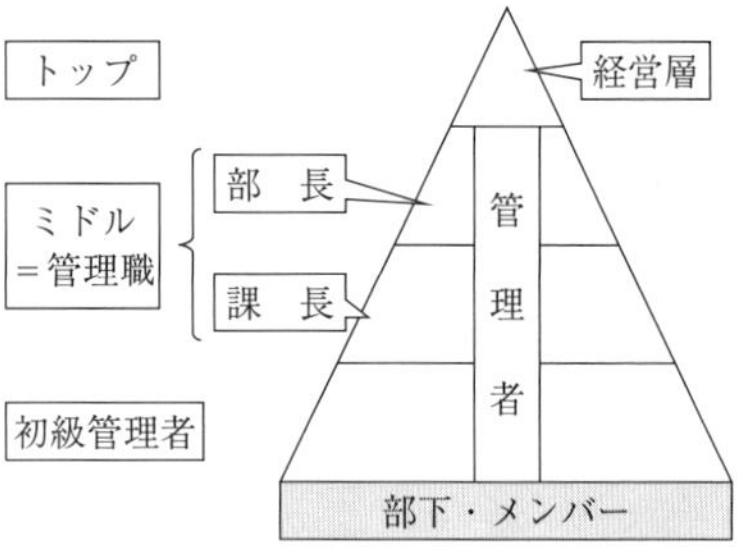

図7-2　MTP研修コースの対象者
注：初級管理者とは，初めて部下を持った人，
あるいは持つ予定の人。
出典：柳沢，2018年，10頁。

・組織の部下・メンバーとのコミュニケーション能力を高め、信頼を得ていく方法を学ぶ。
・課題やハラスメントへの対処を学ぶ。

したがって、ミドル管理職（部課長）以上は本来対象ではないが、導入時には、「協働」を意識して、トップ経営層を最優先に、ミドルから本来の対象者に至る順番で受講すべきだ。こうして、その企業組織における管理者全員が共通した「マネジメント・セオリー」を習得しないと、受講経験者とそうでない管理者の間で、深刻な見解の違いが発生するおそれがある。特に、経営層全員がＭＴＰを経験していることが大変重要だ。

「経営ポリシー」として捉える必要があるのである。

だから、「なぁに、今更新任管理職研修を受ける必要はないだろう」では、かえって組織の断絶になりかねない。それは、前述したホテルの事例のとおり、受講経験のある人の発想が、システムライズされるからである。このこと自体は研修成果であるが、その上のミドル管理職、さらに経営層が、もしそれについて行けないとなると、たちまち組織に不信感がまん延してしまい、ひいては経営批判になりかねないのだ。けっして「もろ刃の剣」ではなく、「経営ポリシー」なのだという「覚悟」が

表 7-2　MTP 研修コースの概要

第Ⅰ部　マネジメントの基礎

第1セッション　マネジメントの基本的な考え方
第1節　マネジメントとは
第2節　マネジャーの立場と役割
第3節　マネジャーの基本的な姿勢
第2セッション　マネジメントと人間行動及び組織
第1節　人の行動の理解
第2節　人 の 欲 求
第3節　組織における人の行動

第Ⅱ部　マネジメントプロセス

第3セッション　計　　画
第1節　計画の理解と基準の考え方
第2節　計画の立て方
第3節　目標による管理と自己計画
第4セッション　指揮・命令（指示）
第1節　仕 事 の 割 当
第2節　命令の与え方
第3節　役割認識の統合
第4節　権 限 の 委 任
第5節　状況の共有と自己指令
第5セッション　統　　制
第1節　統 制 と は
第2節　報 告 の 活 用
第3節　自 己 統 制
第6セッション　調　　整
第1節　調 整 と は
第2節　話し合いによる調整
第3節　会議による調整
第4節　統合による調整
第5節　マネジメントプロセスとコミュニケーション

第Ⅲ部　問題解決とリスクマネジメント

第7セッション　問題解決の基本
第1節　問題と問題意識及び問題解決の手順
第2節　問題解決に必要な情報の活用
第3節　問題解決に必要な創造活動の活発化
第8セッション　仕事の改善の実践
第1節　職務配分研究
第2節　職 務 充 実
第3節　仕事の方法の改善

第Ⅳ部　信頼関係の形成

第9セッション　欲求不満への対処と態度の啓発
第1節　欲 求 不 満
第2節　欲求不満への対処
第3節　人 の 態 度
第4節　態 度 の 変 容
第5節　態度変容のための話し合い方
第10セッション　人をめぐる問題の解決
第1節　人をめぐる問題の解決方法
第2節　人をめぐる問題の解決方法の適用

第Ⅴ部　育 成 と 啓 発

第11セッション　育成の考え方
第1節　育 成 の 責 任
第2節　育成の進め方
第3節　学習と学習援助の原則
第12セッション　メンバーの育成
第1節　正しいスタート
第2節　日 常 の 指 導
第3節　自 己 啓 発

第Ⅵ部　良いマネジメントの実現

第13セッション　リーダーシップ
第1節　リーダーシップとは
第2節　リーダーシップのスタイル
第3節　マネジャーの時間活用
第14セッション　マネジメントの展開
第1節　集団の特徴とその力の活用
第2節　組織の活性化
第3節　適切なマネジメントの実践

出典：柳沢，2018年，7頁。

なければならない。

ＴＷＩ研修：相手が覚えていないのは自分が教えなかったのだ

ＴＷＩでは「Ｉ」が「Industry」の頭文字であるがゆえに、「製造」のイメージが先行してしまう。しかし、サービスとて「人によって製造されるものなのだ」と突きつめれば、けっしておかしなことではない。

ＭＴＰは組織管理の基本を学ぶものだったが、このＴＷＩは、現場監督者を育成するためのものである。ここでいう現場とは、主に生産現場のことである。

サービス業でいえば、接客の最前線、あるいは清掃業務、あるいは調理場などをイメージするとよい。ただし、だからといって事務の現場で使えないということでもないから応用範囲が広いのである。

日本産業訓練協会の話によると、サービス分野で確立したＭＴＰ研修は、前述のとおり、医療分野での応用である。

二〇一一（平成二三）年度から二〇一三（平成二五）年度にかけて、文部科学省の「チーム医療推進のための大学病院職員の人材養成システムの確立」事業に筑波大学病院が採択された。その検討段階で、改善の先進事例として知られていたアメリカ「シアトル小児病院」を訪問したのがきっかけだった。すなわち、この病院で実際のＴＷＩ訓練の見学ができたからである。筑波大学のプロジェクトメンバーは、医療におけるＴＷＩ訓練の有効性を確信し、帰国後、同協会と大学による共同開発となったのである。[38]

このことは、サービス業への応用の嚆矢《こうし》として重要だ。そこで、観光・サービス業向けプログラムの開発を目的に、本年度（二〇二〇年度）より、筆者を部会長として、日本国際観光学会に、観光マネジメント研究部会を立ち上げたところである。

ＴＷＩは「２知識＋４技能」（図７－３）に対応したコースが用意されている。[39]

有名なのは、以下の、教える技能の基本精神である。

図 7-3　職務遂行能力を核とした２知識＋４技能

「相手が覚えていないのは自分が教えなかったのだ」

この一言で、終戦までの「徒弟制度的形態の企業内教育」がすっ飛んだのだ。それは、戦争という死闘をくりひろげた相手が、どんな相手だったかを知ることにもなった。物量だけで負けたのではない。何と「精神」で負けたのだと。

企業から兵に招集された職場の仲間が戦後になっても帰ってこない。初期の頃、受講した人々が血まなこになって学んだ背景である。

日本産業訓練協会は、ＴＷＩの公開講座も用意してい

表7-3　つくばノンテク道場プログラム

開催日	テーマ	コース名と内容
1	人を育てる	TEAMS-BI（仕事の教え方） ―効果的な教え方・指揮の仕方を習得する―
2	人と関わる	コンフリクト・マネジメント ―協調的アプローチで，相手と合意形成する―
3	チームを動かす	TEAMS-BP（業務の改善の仕方） ―業務を「見える化」して，改善のポイントを探る―
4	チームをつくる	リーダーシップ・チームビルディング ―メンバーの協働を引き出すチームを作る―
5	自分を知る	MBTI（自分の心を理解する） ―タイプダイナミクス&コミュニケーション―
6	チームを動かす	TEAMS-BR（人への接し方） ―人との関係を良くし，職場環境を改善する―
7	チームを動かす	ミーティングファシリテーション ―無駄な会議を生産的に変える―
8	人を育てる	コーチング&人材育成 ―面談を通してメンバーの学習と成長を支援する―
9	チームを動かす	問題解決（1） ―ロジカル思考で原因の所在を突き止める―
10	チームを動かす	問題解決（2） ―システム思考で問題を俯瞰的に捉える―

出典：前野，2018年，19頁。

るので、是非ホームページをチェックしてほしい。また、筑波大学は医療者のためのノンテクニカルスキル研修を「つくばノンテク道場」として実施している（表7-3）。この「道場プログラム」を見れば、宿泊業、飲食業から観光業まで、その応用がイメージできるのではなかろうか。

注

(1) エリック・ブリニュルフソン／アンドリュー・マカフィー著、村井章子訳『機械との競争』日経BP社、二〇一三年。
(2) 松尾豊『人工知能は人間を超えるか——ディープラーニングの先にあるもの』角川EPUB選書、二〇一五年。
(3) 新井紀子『AI vs. 教科書が読めない子どもたち』東洋経済新報社、二〇一八年。
(4) 大上丈彦監修『図解　眠れなくなるほど面白い　微分積分』日本文芸社、二〇一八年、八五頁。
(5) 新井、二〇一六年、一一五頁。
(6) 隅谷三喜男・古賀比呂志編著『日本職業訓練発展史〈戦後編〉——労働力陶冶の課題と展開』日本労働協会、一九七八年。
(7) 帝国ホテル編『帝国ホテル百年史』株式会社帝国ホテル、一九九〇年、四九七頁。
(8) 隅谷ほか編著、一九七八年、一〇頁。
(9) 隅谷ほか編著、一九七八年、三四頁。
(10) 隅谷ほか編著、一九七八年、三五頁。「このTWIは、周知のように、もともとアメリカで開発された訓練体系であるが、わが国では『工場事業場等における職長、組長、伍長、役付等の名称で呼ばれるいわゆる第一線監督者（下級監督者）に対しその監督能力を発揮活用せしめるために、特別に研究され定式化された訓練の内容と方式の略称である』と定義されている」。
(11) 大野耐一『トヨタ生産方式——脱規模の経営をめざして』ダイヤモンド社、一九七八年。現在も新刊書で入手できる不朽の名著である。けっしてノウハウ本ではなく、むしろ哲学が網羅されている。
(12) 隅谷ほか編著、一九七八年、三七〜三八頁。「トヨタ自工の『TWIの歴史と現状』に、TWI導入の経緯について次のように述べられている。（中略）このさい特筆すべきことは監督者訓練の開始について労働組合からこの年（筆者注：昭和二十六年）の九月に要望書が提出されたことである。組合は会社に近代的管理技術を身につけた監督者の養成を要求したのであった。いいかえれば、それほど当時の現場には古いタイプの監督者がまだ幅をきかせていたのである」。

(13) 社団法人日本産業訓練協会『産業訓練』第六四巻第二号通巻七二〇号、二〇一八年。

(14) 隅谷ほか編著、一九七八年、四九頁。「東京芝浦電気：昭和二十六年秋「教育要綱」を発表して「従業員に対して行う教育の基本方針と、それを実施する基本体系を明示」し、（中略）最初に「実施基準」を設けて教育を開始したのはＴＷＩによる監督者訓練と、ＭＴＰによる管理者訓練であった」。

(15) 日本産業訓練協会、二〇一八年、および同協会ＨＰ「日産訓　私たちについて」https://www.sankun.jp/about/（二〇二〇年八月一五日最終閲覧）。

(16) 隅谷ほか編著、一九七八年、六一頁。

(17) 産業訓練白書編集委員会『産業訓練百年史——日本の経済成長と産業訓練』日本産業訓練協会、一九七一年、五八九頁。

(18) 後藤俊夫『忘れ去られた経営の原点——ＧＨＱが教えた「経営の質」［ＣＣＳ経営者講座］』生産性出版、一九九九年。

(19) 一般財団法人日本規格協会、https://www.jsa.or.jp/jsa/（二〇二〇年八月一五日最終閲覧）。いわゆる「ＪＩＳ（日本工業規格）」の認証機関であって、我が国における「標準化」のナショナルセンターである。ＱＣ検定合格者は、二〇一九（平成三一）年度までの累計で約五五万人である。

(20) 青木昌城『「おもてなし」依存が会社をダメにする——観光、ホテル、旅館業のための情報産業論』文眞堂、二〇一五年、六八～六九頁。この研究の結果は、ＭＩＴ産業生産性調査委員会『メイド・イン・アメリカ――アメリカ再生のための米日欧産業比較』草思社、一九八九年に詳しい。
(21) 青木、二〇一五年、七二頁。
(22) 青木、二〇一五年、七一～七二頁。
(23) 前野哲博「医療業務スタッフのＴＥＡＭＳ（ＴＷＩ）研修の開発と現状」『産業訓練』第六四巻第六号通巻七二四号、二〇一八年、一六頁。
(24) 帝国ホテル編、一九九〇年、四六六～四六八頁。
(25) 帝国ホテル編、一九九〇年、五一一頁。
(26) 帝国ホテル編、一九九〇年、五一八頁。
(27) 新津春子『世界一清潔な空港の清掃人』朝日新聞出版、二〇一五年。
(28) 帝国ホテル労働組合五〇年史編纂委員会編『帝国ホテル労働組合五〇年のあゆみ』帝国ホテル労働組合、一九九六年、三一一頁。
(29) 加藤尚文『ホテル――企業と労働』三一書房、一九七二年。
(30) 帝国ホテル編、一九九〇年、八九四～八九五頁。
(31) 帝国ホテル編、一九九〇年、八九七頁。
(32) 東海友和『イオンを創った女――評伝小嶋千鶴子』プレジデント社、二〇一八年、四八頁。「階層別教育では、主任係長クラスには、目標による管理、ＭＴＰ等管理職前教育を施した」。
(33) 齋藤誠『震災復興の政治経済学』日本評論社、二〇一五年。
(34) チェスター・バーナード著、飯野春樹監訳、日本バーナード協会訳『組織と管理』文眞堂、一九九〇年。
(35) 西村孝史「管理職と職場から見た管理職教育の意味」『産業訓練』第六四巻第二号通巻七二〇号、二〇一八年。

(36) 柳沢昌孝「ＭＴＰ第13次改訂について」『産業訓練』第六四巻第二号通巻七二〇号、二〇一八年。
(37) 日本産業訓練協会ＨＰ「日産訓　私たちについて」。
(38) 前野、二〇一八年、一六頁。
(39) 日本産業訓練協会ＨＰ「日産訓　私たちについて」。

第8章

労働者と経営者の関係の変革

青木昌城

「働き方改革」が政府主導でずいぶんと議論されたものの、残念ながら「残業削減」に矮小《わいしょう》化された感がある。

産業界では既に深刻な「人手不足」が発生しているが、我が国の人口減少（「少子」と「高齢化」の二つの現象が同時に生じることによる）は、問題が今よりずっと深刻化する要因であって、人口推計を見れば、残念ながら今後緩和されることはない[(1)]。

人口減少は国土に満遍なく広がる現象なので、購買量の減少だけではなく従業員確保においても困難となるのは必然で、しかも「貴重な若者」の需要が企業の継続性からも高まるために、これまでの「採用」における「売り手と買い手論」ではなく、はげしい「争奪戦」となるはずである。その前兆としての「新卒一括採用廃止」であると考えるのが、長期的視野では合理的だ。

これに、公的年金支給年齢の延長と「定年制」の維持問題、それと「雇用延長」とがセットになって、「終身雇用制」が大きく揺らいでいるのは周知のとおりである。直近かつ短期的には高齢者と家庭にいた主婦層の就業が、「人手不足解消」の一助にもなっていることは否めない。だが、この人たちの供給にも限界があるばかりか、時間の問題として、そう遠くない将来、身体がいうことをきかない、ということでの退職が続出することも覚悟しなければならない。

よって、これまでより少ない人員でこれまで以上の成果を出さなければならないということが、「全産業」における逃れることのできない課題となるわけだが、上述のように「若者」が少ない供給しかされないために生じる「単価増」という問題も、これまでになかったあたらしい課題を企業に与えることになる。

加えて、外国人労働者の受け入れに関しても、我が国独自の「労働市場」という観点から、移民問題とは別次元の大きな変革が迫られることは必至である。

これらを一言でいえば「生産性の向上」を実現しなければならない、のであるが、とかく議論がここでとまる傾向がある。「生産性の向上」がもたらすものは「所得の向上」にもなることを強調したい。すなわち、企業における経営だけの課題ではなく、ひろく国民、もっといえば外国人を含めた一般生活者の生活向上という課題に直結しているのだ。

既に、従業員を直接雇用せず、個人事業者としての契約による「雇用」という形態も現れている。まさに「働き方」がこれまでになく変わろうとしているのだが、経営側の「働かせ方」には、どんな問題・課題があるのか。本章では、これをデジタル変革時代としていかに解決すべきかを論じたい。

1　人事採用戦略は存在したのか

就活中の学生にとってはショックだろうが、経営企画畑に長かった筆者の経験をふり返ると、経営計画の中に「人事計画」はあったものの、こと「採用」についての「戦略」を思い出すことができない。むしろ、人材が四〇年以上の長きにわたって「滞留」することが前提の「終身雇用制」において、どうして採用「数」が直近の「景気」に左右されるのかという疑問に明解に答えを持つ企業の方が少ないのではなかろうか。

結論を先にいえば、筆者は厳密には「人事採用戦略はなかった」と考える。

本節では、「なかった」その理由と今後について考えたい。

「拡大」を前提とした思考

「戦後」というくくりで考えても、既に四分の三世紀も経過している。終戦の年に生まれた人が「後期高齢者」になろうという時代になっている。したがって、戦後日本経済をイメージづけるのは、終戦直後の混乱時から脱した「高度成長期」というのが一般的だろう。すると、「もはや戦後ではない」と経済白書が書いた、具体的には昭和三〇（一九五五）年代からをいう。

戦後のベビーブームで生まれた「団塊の世代」(2)が、働き手として社会に出るのが、中卒で六三年から、高卒で六六年から、そして大卒では七〇年からだから、高度成長期の申し子でもある。ちなみに、文部省学校基本調査によれば、五五年の中卒就職数は四〇・九％で高卒就職者三八・六％を上回る「最大割合」であった。いわゆる、「金の卵」たちである。「集団就職」という言葉が既に死語になっているものの、この世代が八〇歳になったのは、つい最近のことだ。

かつて、日本が「ものづくりの国」だったことがあって、それが戦後のゆたかな社会をつくったことは間違いない。なので、いろいろな「理論・理屈」も、「製造業」が中心になって研究され、社会に提供されてきた。

実際、一〇年も前の二〇〇八年には製造業の名目ＧＤＰにおける割合は、初めて二〇％を下回って一九・四％となった。しかし、まだ「昭和」だった一九八〇年でさえ、その割合は二七・一％に過ぎなかったのである。(3) つまり、我が国は、とっくに製造業を中心とする輸出型の産業構造から、内需中心の産業構造に転換しているのである。

物理でいう「慣性の法則」は、別に「運動の第一法則」としても習うものだ。これは、等速直線運動をしている物体は、外力が働かなければいつまでもその状態を続ける、というものだ。人間がつくる「社会」にも、「慣性の法則」が適用できることがある。我が国が「ものづくりの国」である、と思い込んでいるのは、発想が「慣性の法則」に支配され続けている証拠である。製造業が産業の中心で、製造業の拡大こそが我が国経済を豊かにする、という発想自体が単なる「慣性」によるとするしかない。すると、リニアな「拡大」という発想のナンセンスさが浮き彫りとなるが、これに経営が気づかないなら、企業内における様々な政策や施策が、現実を無視した「拡大基調」になるのは当然である。

我が国の経済用語で、「リストラクチャリング」が使われるようになったのは、バブル経済が膨らむ以前の昭和の終わりであった。このときの「リストラクチャリング」は、正しく「事業構造の再構築」という意味であって、それが「製造業のたそがれ時代」に合致していたものだったのだ。しかし、バブル経済の崩壊という「戦後日本が構築した経済システムそのものの崩壊」によって、「リストラクチャリング」をする余裕すら失い、単なる「人員削減」を「リストラ」と名づけて今日に至っている。

この便利な用語は、「人員削減」への罪悪感を払拭《ふっしょく》することができたので、「一家を成す」という日本的経営の根幹を腐らせた。

したがって、本来は経営資源の中で唯一の「ストック」となりえる「人財」の使い捨てに都合のよい「名分」を得たため、人材の採用にあたっても、日本式漁業と同じく「早い者勝ち」の囲い込み漁をするインセンティブが生じるのである。

ここに、のちに検討する「労働市場」の概念が皆無である我が国の特徴から、獲られる側の学生は、よさげな網を見つけて自ら登録することを「エントリー」と呼び、クリック一つで手軽になったことを幸いに、かつてなかった数の企業への「就社」希望を提出することになる。

しかし、こうした態度に人生の「自主性」を感じない層は、さらに二手に分かれて、「起業」を模索する者と、「非正規」とを選択することになる。もちろん、なりたくてなったわけでもない人たちが「非正規」にいるのは、「正規」の採用数（枠）が激減しているという事情がある。すなわち、会社が将来、人員削減の可能性を考慮したときに、現在の労働基準法における「解雇規定」がネックとなって、正社員は「事実上解雇できない」というルールがあるからである。

ならば、早い者勝ちの漁をやめないのはなぜか。それは、「離職率」を勘案して、割り増し採用すればよい、という「うまい」計算に基づいているからである。しかし、本章冒頭に述べたように、少子による若者争奪戦が始まれば、企業が一方的に「うまい」ことを続けることができるのかは大いに疑問である。「どんな会社なのか」について働く側からの情報が就職予備群にも共有されるから、いわゆる経済学でいう「情報の非対称性」がやぶられることが予想されるのである。

果たして「悪貨が良貨を駆逐する」グレシャムの法則ならぬ、「良貨が悪貨を駆逐する」ことになるかは、企業側の真剣度によるのだが、危機の本質からすれば、よほど業績も含めた企業努力がなければ、「応募がない」ための廃業すら検討せざるをえなくなるだろう。これが「人手不足倒産」の本質である。政府としては、「新卒」だけでは「数」が維持できない予想のために、非正規からの正規への転換を義務化した。

一方で、自社の生き残り戦略を真剣に考えれば、積極的「中途採用」ということにもメリットがあることがわかる。他社であれ、ある程度「訓練された」人材は、その訓練コストを考慮すれば、「安価」にもなるし、それが「専門性」を持った職業分野であればなおさらである。

このように、端的にいえば企業の「将来戦略」の有無とその中身が、人の「採用」という最も高価な買いものを左右することに間違いはない。戦略なき企業は論外としても、その中身の「質」こそが、過去にはない高さを要求されているのである。もはや新卒採用で定年まで無事に勤め上げる「純血主義」をもって「優良企業」とされた時代は去り、多様化の「ダイバーシティ」がいわれてはいるが、現実はいまだ「中身」が薄ら寒い状態なのである。

我が国には労働市場が「ない」

ハローワークや民間の人材紹介会社が存在しているのに、何をいうのかと思われるのは承知している。

ここでいう「労働市場」とは、近代経済学で資本主義を考えるときの「生産要素」としての意味である。すなわち、「土地」、「労働」、「資本」のうちの「労働」を指す。この三つの要素を使って、私たちはあらゆる生産活動をしているのである。それで、これら三つを「生産要素」という。

これら三つの生産要素には、それぞれの「市場」がある。土地の市場は、ふつう「不動産市場」というし、土地から生まれる農産物や鉱物（石油や石炭その他の資源）、あるいは土壌そのものにも「市場」がある。資本市場は、そのまま「お金（マネー）」だったり株式だったり債券だったりする。また「資本財」といえば、製品やサービスのことで、労働力を投入してできた「財」すべてを指す。簡単にいえば、市場では、需要と供給に基づいて「値段＝価格」がつくのである。

「労働市場」とは、労働者の「労働に値段」がついて、取引される市場のことをいう。売り手は労働者本人だが、人身売買でないのは、売り手が持っている「労働（力）だけ」が売られる対象だということであるから注意してほしい。全人格と全身の肉体を売ってしまう・買ってしまうというなら、それは「人身売買」における「奴隷取引」になる。本人が承知していてもいなくても、近代国家では人身売買は禁止されている。職場におけるあらゆる「ハラスメント」が批判や罰則の対象になることの原点が、ここにあるのである。

労働者は労働（力）を売っているが、それ以外は売っていない。この原理原則は絶対なのである。土地と資本とに比べて労働は、人が行うものであるから「別格」なのは当然だ。労働（力）を提供するのはただの物質ではない生身の人間だから、そこには「感情」という心理がはたらく。これが「やる気」になったり「倦怠感《けんたい》」にもなる。労働（力）を最も有効に引き出したいのなら、気持ちよく働くことが最善だということは誰にでもわかる。

では、労働者の労働力を買うのは誰か。それは、会社や企業体である。

株式会社なら、株主から経営を委嘱された経営者が実際の購入者となるので、これを「雇用主」ということがあるが、抽象的には「会社」が雇用主なのである。だから、雇用契約には会社名と経営者名があって、経営者もサインか押印することで成り立つし、それが違法な契約なら会社が罰せられることもあるのだ。

さて、ここからが、我が国の特殊性が発揮される。

労働者は自分のどんな労働（力）をどんな条件で売ったのか、そして会社・経営者はその労働者のどんな労働（力）をどんな条件で買ったのかが一致していなければならないから、双方がサインする「雇用契約書」には、詳細な記述が必要になる。したがって、欧米を中心に、また、欧米に支配されたアジア各国も含めて、ほぼ全世界では、「職務記述書（ジョブ・ディスクリプション：Job-Description）」による「募集」と「雇用契約の締結」および「人事評価」が行われている。つまり、雇用契約の心臓部が「職務記述書」になっているのだ。

このことは、「労働市場」が機能するための条件でもあることが理解できるだろう。労働者側にも重要なポイントがある。それは、自身の労働（力）が、いかほどの価値＝価格＝値段＝賃金であるかを、あらかじめ知っている、ということなのだ。

なぜ知ることができるのだろうか。それは、労働市場があるため、「職務記述書」がほうぼうに公開されているので、「相場」としての情報を得ることができるからである。だから、どんなスキルを習得するといくら賃金が増えるのかも見当がつくし、会社もそれを公開している。もちろん、日本的な総合職＝幹部職も、欧米型企業なら「職務範囲の記述」が必ずある。

日本的なやり方の善し悪しと比較する前に、大変重要なポイントは、「労働市場」という「資本主義」に基本的な「生産要素」の「市場」があるのだという基本認識である。すると、我が国にこうした認識が欠如していることについてどのように考えるのか、という話になる。

さらに、外国人労働者の受け入れに関して考えれば、「職務記述書がない雇用契約」をどのように相手に捉えられるのかという問題も発生するのである。「郷に入っては郷に従う」のはもっともだけれど、日本の雇用契約が世界標準にない形式で行われているという事実も日本人は知っておかなければならないのではないか。

既に、「日本は奴隷労働的だ」という外国人労働者の声があるのは、「職務記述書」がないことと同時に、安い人件費で雇用したい、ということにおける、「すれ違い」を通り越した問題であると指摘したい。将来、現状のままで外国人労働者が増加すれば、必ず出現するだろうトラブルの原因になるし、場合によっては友好国からの批難すら受けなくてはならないばかりか、「奴隷労働」をさせると認識されれば、外国人労働者に「選ばれない国」になる可能性まであるのである。

すなわち、国家的人手不足倒産の危機である。

日本独自の「雇用慣習である」とか「日本の文化である」では、相手が納得しないほど、「自由経済」の原理原則に合致していないことが深刻なのである。そしてこのことに気づかないことが、もっと危機的であると指摘したい。

2　転換のシナリオ

前節における「労働市場の欠如」とは、生産要素の欠如を意味する。すなわち、我が国が「資本主義国ではない」、あるいは「資本主義もどき」ということになるから、今更ながら驚くしかない。

しかし、「労働市場の欠如」が導く問題点はまだある。それは、労働者（労働〔力〕の提供者）と経営者（労働〔力〕の購入者）の関係における、近代経営学が導いた基本的な考え方の欠如である。この考えを「協働」といい、「共働」ではないことを強調したい。

そして、文明論的に表現すれば、これからの時代が「新しい中世」になることを念頭に論じる。

「協働」の思想

労働者と経営者（資本家としてもよい）が対立する。これは、一八六七年に刊行された『資本論』以来、連綿と続く社会主義・共産主義思想の根本をなす考え方である。ソ連が崩壊して三〇年がたった現代の日本においても、いまだに常識となっているのはなぜだろうかと考えると、やはり「慣性の法則」がここにも機能しているようである。

むしろ、社会主義・共産主義思想を現代思想から「抜く」ことは困難かもしれないほどに浸透していると考える方が妥当なのだろうとも思える。しかし、本論においては、大胆に社会主義・共産主義の「理論」を抜き去って議論することを試みたい。読者にはしばし、これら「理論」を忘れたふりをしながら読み進めてもらえればと思う。

資本主義の立場から見る「労働者と経営者」のあるべき関係とは、存在するのだろうか。きちんとあるのである。チェスター・アーヴィング・バーナードによる『経営者の役割』（原著一九三八年）で示されたのがそれだ(4)。彼はニュージャージー州のベル・電話会社の社長職のかたわらにこの書を刊行したことで知られ、経営実務を熟知した「経営学者」としての名声を得ている。

バーナードの主張で注目したいキーワードが、「協働」だ。これを理解するには、そもそも「企業の目的」は何かを考えなくてはならない。それは、継続して利益を出しつづけること、なのだ。そのためには何が必要なのか。簡単にいえば、「付加価値」の創造である。「付加価値」とは、自社であらたに加えた価値のことだから、他人や他社から仕入購入した価値を、売上から除いたものである。損益計算書を例にすれば、売上－原価＝「売上総利益・粗利」のことである。なお、「原価」については次節で議論する。

ドラッカーにいわせれば「価値の創造」のことを指す(5)。なにも大学者の名前や著書を引き合いに出さずとも「常識」だという意見もあろうが、「付加価値」の理解がどれほどされているかについて考えると、意外にも怪しくなるのだ。「付加価値生産性」＝「労働生産性」＝略して「生産性」なのだから、なぜに「生産性の向上」の議論が、残業（代）削減ばかりになるのか。

企業利益を「キャッシュの増加」と捉えることがいまや常識であるから、損益計算書「だけ」では役に立たない。しかし、キャッシュの増加をもたらすことの原点に、付加価値をつくり出す活動が企業内になければ、企業という組織の維持すら不可能なのはいうまでもない。したがって、経営者の役割は、石にかじりついてでも付加価値をつくり出せるように「経営」することにある。

一方、労働（力）を売ることで賃金を得ることを目的とする労働者にあっても、自己の賃金の源泉は付加価値の中に含まれるのだから、やはり付加価値が常につくり出せる企業組織でなければ不安であるし、最悪、タダ働きをさせられる可能性もある。つまり、経営者と労働者は対立すべき存在ということの「ウソ」がここにあるばかりか、「付加価値創造」という一点において、両者は「同じ目的に立つ」のである。

あらためて、付加価値の計算式を示せば、二通りの方法がある。

控除法：売上高－他者から得たもの（原材料費＋外注加工費＋水道光熱費＋消耗品費＋棚卸し資産のうち期首期末の増減）

加算法：労務費・人件費＋賃借料＋租税公課＋特許使用料＋純支払利息＋利払い後利益

どちらの計算式も、理論上同じ答えになる。加算法がわかりやすいのは、労務費と人件費がそのまま付加価値に「含まれている」からである。控除法でも、「控除されない」ことでわかる。

ここから、非常に重要なことが導き出される。それは、付加価値が常につくり出せる企業は、経営赤字になるはずがない、ということであって、それには、経営者と労働者との「協働」が不可欠だということである。つまり、経営者だけでなく、労働者も、企業内における「付加価値」を必ずつくりつづけるのだという「意志がある」ことを前提とするのである。

一般的に経営者は、株主から委嘱された権限で、株主が提供した「資本」を使って事業を行う。このとき「資本」は、「経費」、「原価」、あるいは「人件費」と用語を変えるが、経営者は最適な配分をすることをもって経営するものである。

それが、上述した「付加価値」となるようにするから、同じ業界でも業績の違いが経営の違いによって生じるように、同じスキルの労働者が働いても、違う結果になることがある。それが、支払える賃金の限界にもなるので、付加価値が多く生産できるなら、賃金も多くなるのである。

企業が優秀な人材を求める根拠はここにある。しかし、優秀な人材を集めたはずなのに、業績が芳しくないのは、経営者の経営が下手で、「協働」に失敗している可能性があるのである。すなわち、経営者が「協働」によってはじめて「付加価値」を継続的に創造できるのだという思想を信念としていないかぎり、実現は困難である。

人材採用にあたって、バーナードは、選ぶのは企業だ、という発想にも否定的で、企業が選ばれているのだ、ということを強調しているのは、「協働」の思想からすれば当然なのである。

一方で、労働者の合理性からすれば、自己の労働力をいかに高く、効率よく売れるかを考えたら、高い付加価値を創出する企業に就職したい（仲間に入りたい）、と考えるのが合理的であるから、候補となる企業の「協働」の思想をてんびんにかけることで「選ぶ」ことになる。

しかし、我が国の企業には前述のように「これといった人事戦略がない」し、そもそも「労働市場がない」ため、そのときの「景気」というフローでしか、採用数の過多が判断できないので、少子によって既に「売り手」のはずの若者が、選ぶ側になりきれていないのである。また、「労働市場がない」ゆえに、「新卒」を中心として採用が行われ、「中途」の場合と、社内評価における差別的待遇がされるのも、管理のしやすさ、ということからだ。ましてや、「中途」という「経験者」を選ぶ合理的基準すらないだろう。

ジョブ・ディスクリプションがないため、労働の流動化が困難なのは、企業間においてだけでなく企業内でもいえることだ。従来、異動命令で行ってきた人事異動も、働き方の多様化によって困難になりつつあるのは、「評価」との関係でも難易度を増しているからである。

「協働」の思想を基本にすれば、社会主義・共産主義のいう「労使対立の必然性」は打ち消されるどころか、付加価値生産を両者の共通目標とすれば「ありえない」ことなのである。

新しい中世

二一世紀の社会を考えるときのキーワードとして、一九九六年に刊行された田中明彦『新しい中世』[6]がある。本節は、田中が指摘したように、これから先進国は「新しい中世」の世界にむかうとして論を進める。

なぜ「新しい中世」なのかといえば、注目点は「個人」にある。つまり、組織と個人との関係が、かつての「封建領主」と「騎士」あるいは「武士」に喩えられるからである。「封建領主」＝「藩」、「騎士」＝「武士」が中心だった「中世」と、現代社会の「企業」と「従業員」あるいは「個人事業主」の関係を考えると、「働かせ方」と「働き方」の関係は、「中世」に近づいているともいえるからである。国であれ地方であれ、公務員を退職したものを「脱藩者」と呼ぶことがあるけれど、まさに「中世」の喩えがなじむから使われているのだ。

もちろん、「新しい中世」とかつての「中世」とでは、異なることもたくさんある。しかし、「格差社会」がいわれるように、社会の「縦系」にも変化が起きている。「一億総中流」が達成されたのが、ほんの束の間の幻だったかもしれないが、ほぼ同時期の先進国で唯一、我が国社会における「平等」の実現は、安定と安心をもたらしたことは確かである(7)。

しかし、ちょうど「バブル経済」の絶頂期に、世界では「冷戦終結」という事態と、中国の「改革・開放路線」によって、「パラダイム・シフト」が起きてしまった。敗戦後の我が国は、連綿として奮闘努力したものの、それは、「戦後体制」という地球規模でつくられた「秩序」の上での繁栄だった。それが、根底から崩れだして、「世界の工場」であった我が国の「機能」が、新興国に「シフト」せざるを得ない状況になったのだ。その意味で、平成時代とは、従来型での生き残りに苦悶《くもん》した時代であって、もはや元には戻れないことを知らしめされた時代でもあった。

その「苦悶」の中に、就労制度の変化も含まれる。つまり、正規雇用と非正規雇用の分離であって、正規雇用者がかつての「武士階級」に、非正規雇用者が「その下の身分」に分化したのである。そして、武士階級の方を見れば、「就職」ではなく「就社」したのであるから、「藩」における「藩士」としての身分を得て、ほぼ絶対に「解雇されない」という安定が保障される。

一方で、「藩士にならない者」は、希望者とそうでない者に分化する。希望者も、自分のライフスタイルから積極的に選択した者と、共働きの場合の「税制の壁」によって、むしろ「低所得」を望む者とに分かれる。もちろん、就社に失敗した者と、成り行きでなった者とがいる。

また、めでたく就社できても、「社畜」になる者、「脱藩」する者など、様々である。

これら働き方の多様化は、「パラダイム・シフト」による影響なのだが、その本質は、一家の働き手である男性社員による「生産性の低下」にある。もちろん、高度成長期の男性社員がよりたくさん働いた、ということではなく、従来型の業務や製品・サービスだけでは、「売れない」という時代の変化の方に重要な重みがある。すなわち、同業同社において「付加価値」をかつてより多くつくることが困難になってきたのだ。そのため、一家の家計を男性一人の働きで支えることが困難になり、共働きが前提となったのである。

このことは、「要素価格均等化定理(8)」によって説明できる。要素価格とは、経済学でいう「生産要素」すなわち、資本、土地、労働のことである。

定理の内容は、「生産手段が同じなら」貿易によってこれらの「価格」が「均等化」＝「同じになる」。例えば賃金でいえば、高い日本の賃金と安いA国の賃金が、「同じ方法で、同じもの」を生産するなら、貿易によって日本の賃金は低下する一方、A国の賃金は上昇し、ついには同じになる、という意味である。だから、別の方法で、あるいは、価値の高いものを生産する＝「生産手段を変える」しか、この定理から逃れる方法がないともいえる。

広い意味では貿易構造の問題である。しかし、この「定理」の前提条件を変えること、すなわち、ビジネス・モデルを含め、従来どおりの「働き方」と「働かせ方」からの脱却しか方法がないのである。

そこで採用されているのが、「働き方改革関連法」に見るような方法であり、二〇二〇年四月一日からは、いわゆる「同一労働同一賃金（有期雇用労働法）」が施行された。これも、いまだに続く「苦悶」の一種にも見える。上述した根本的解決の先延ばしに過ぎない可能性があるからだ。とはいえ、これは「雇用する側」にも、「雇用される側」にも、大きな変化が予想できる。その本質は、「同一労働」における「付加価値生産」の度合いが、本当に「同じなのか」ということに尽きる。

既に、人的サービスに重きをおく（いわゆる「労働集約的」な）事業では、会社に経営者（かつての封建領主にあたる）しか常駐者がおらず、実際の業務は、個人事業主（新しい中世の騎士・武士）として契約した人々が行うということも起きているし、大手企業においても、従業員としての雇用契約ではなく、個人事業主として採用する方法が始まっている。

つまり、「新しい中世」が、現実になってきているのである。

そして、「付加価値」の生産過程における「評価」なくして、どうやって「適正賃金を決めるのか」という問題も内在していることに注目したい。従来型の賃金・報酬の決め方では、本人や契約先の納得を得つづけることが困難になると予想できる。これは、「企業内会計」の「変革」を条件としなければ不可能なのではないか。

次節で、いかなる「変革」が有用なのかについて論じる。

3　転換に必須となる原価計算のデジタル変革

「昔からやっていること」だから、いつの間にかに「理由は不明でもやり続けることに意義がある」と思い込んでしまうことがある。もちろん、本人にとっては「惰性」つまり、「慣性の法則」がはたらいているので、無意識の中でただひたすらくり返しているに過ぎない。

ただし、これに目的合理性があるのが職人の世界で、その方法が長い年月をかけて最も適しているものを、身体が覚えるのでふだんは意識しないものだ。これはあきらかに前者とは異なる、訓練結果として身についた「技」といえる。

しかし、これらに共通して、本人が「意識する」のは、他人に説明するときだ。

慣性の決算書

コンピューターが定期的に出力する「帳票」の枚数が膨大で、紙の使用量がたちまち段ボールで一箱を消費してしまうことに気づいたとき、その職場長に「必要性の確認」をしたら、「必要」だという回答だった。しかし、その印刷物を「そのまま」倉庫保管しているので、再び質問したら、「いつかは記憶していないが、前から出力した帳票を保管する業務があるからやっている」し、「理由は不明」でも「必要業務」である、と主張されて困ったことがあった。それで、帳票紙の年間購入金額を伝えて、それが職場経費になっていると確認してから、もう一度質問したら、あっさり「不要」と決まったことがある。

一方で、「サービスの達人」といわれていた人が、自分のサービス・ノウハウを解説する書籍を執筆するとき、初めて「なぜ?」に気がついた、と語ってくれたことがある。その人は先輩からおそわった方法を、ある意味「漫然と」くり返しているうちに、他人から「達人」といわれるようになったのだ、と。そしていざ執筆となったとき、はたと「説明」できない。あらためて「勉強」したら、自分がやってきた方法に、初めて自分の腑におちた、ということだった。

しかしながら、なぜを説明できても、達人の動きを他人が再現することは困難だ。

それで、「見て盗め」ということになるから、最近では動画に保存してくり返し「観る」ことが奨励されている。達人が健在なら、後輩に「やらせて」、どこが違うのかを直接指導する。この光景も撮影されて、後輩本人がくり返し訓練の教材とするのである。産業界だけでなく、スポーツでも同じなのは、相手が人間だからである。

こうした方法が、製造現場における職人技の伝承にも、サービス現場での訓練にも使われているのは、「はやく一人前」にさせるためだ。同じ人件費をかけるなら、半人前ではなく一人前の方が、ずっと「得」だからである。

人件費削減とは、採用数や単価を削減することよりも、「はやく一人前」にさせることが「王道」なのに、安易な方法を追求する経営者は、やはり「付加価値生産」を目指してはいないのだとわかるのである。

しかし、この「得」ということに分岐点があって、製造業とサービス業では、仕組みがやや異なる。それは、企業会計における「原価」の扱いに違いがあることが原因だし、さらに、「原価の発生源」を追求したいという「気持ち」の違いもある。もとより、この分野にさえも「慣性の法則」ははたらいている。

製造業とサービス業における、最も根本的な違いは、「簿記」にもある。製造業には「工業簿記」が、サービス業にはふつう「商業簿記」が採用されるからである。これを「簿記検定」でいえば、商業簿記は「簿記四級」「簿記三級」。工業簿記は「簿記二級」と「簿記一級」という「級数」でも表現できる。商業高校に入学すれば、卒業時に「簿記一級合格」が一つの目安になるだろう。

では、商業簿記と工業簿記の「級の難易度」にもなる違いとは何か。それは、「製造原価計算」の有無である。

商業では、ふつう商品を「仕入れ」てそれを「販売」するのだから、「製造」がない。そのため、「原価」には「仕入原価」はあるが、「製造原価」がないのである。そして、「簿記」を基礎に、企業決算が行われるので、商業簿記を採用するサービス業の決算と、製造原価計算をする工業簿記を採用する製造業の決算は、当然だが異なるのである。しかし、この違いは全く問題になっていない。違いが「当然」なのは、事業の違いだけでなく、決算のルールとして定められているからで、違わないと「おかしい」ということになっている。ここでいう「決算のルール」とは、「確定申告における決算書」と、「会社法における決算書」をいう。

確定申告は「法人税法」によって定められたルールに基づかなければならないし、「会社法」にも基づかなければならない。したがって、株式会社なら、「決算書」は上述の「二セット」を最低でも作成することになる。さらに、外国から資本調達していれば、「国際会計基準」による「決算書」も要求される。

ここで重要なのは、確定申告のための決算をする目的は、「納税」のための「利益確定」であるし、会社法の決算は、「株主への企業情報公開」が目的であることだ。

そこで、確定申告のための決算は「税理士」が、会社法の決算は「公認会計士」が作成に関わることになる。家族経営的な株式会社なら、税理士にすべて依頼することもふつうだろう。

多くの企業が、どちらかの決算をもとに経営している。特に、家族経営的な株式会社なら、株主のための決算よりも、納税のための決算が優先されるし、「月次決算資料」も税理士事務所が作成してくれることになっている会社がたくさんある。この意味で、社内の経理担当者は、日常の入出金と、税理士に引き渡すための伝票整理が主たる業務になっていることが多い。すると、経営者も、税理士が作成する「月次決算資料」や「税の申告書」を見ることでしか、自社の経営状態を知りえないということになりやすいのである。

果たして、「経営情報」として考えたときに、納税のための決算や会社法の決算書が、どれほど「経営者が行う経営の役に立つのか」という視点からすれば、残念ながら「不十分」である。それは、企業が成り立つ条件である、あらたに「付加価値」をつくり出す、ということの「実態」がわかるのか、という自問をすればあきらかだろう。もちろん、「協働」の相手である従業員の貢献をどう評価するのか、ということも内在している。

つまり、税法や会社法という法律によって義務づけられている「決算書」とは、法律が社会の「最低限のルール」であるという原則にわざわざ立ち返らずとも、それ「だけ」で経営者が経営をするための情報として満足なものでは到底ない。

しかし、「慣性の法則」がここにもあって、税法による月次決算書があれば、経営状態がわかるのだと思い込んでしまえば、「小難しいから苦手だ」ということで、さらに税理士に丸投げするという行動になるものだ。

要するに、自社の経営状態を知るための材料がほとんど提供されるはずのない決算資料を、わかったふりをして見ている状態なのであって、よくそれで経営者としての精神の安定が保てるものだとも考えられる。むしろ「小難しいから苦手」な感覚こそが正解で、ならばわかりやすい資料を自社で工夫して作成しなければならないが、それがどんなものかを追求しない淡泊さがある。

その根本に、「付加価値創造」について経営者の「無頓着」があるのである。

「原価」とは何か

「付加価値創造」という根本に注視すれば、商業簿記や工業簿記のルールさえも、果たしてそれで

「人にょる(sic)」

「人によるサービス生産」が行われているのだから、工業簿記でいう「労務費」と「一般管理費」にある「人件費」とをどうするのかは、重要な問題になる。

また、ホテルや旅館業、あるいは飲食業・医療・介護など、「人的サービス業」（労働集約的）でありながら設備投資のみならず不動産投資も含む（資本集約的）なら、事業の難易度としては、単に資本集約的な製造業の比ではない高度さなのだという認識は重要である。

あたかも、原始的な産業あるいは業態だというのも思い込みであって、ここにも「慣性の法則」がはたらいている。

これまでの「経理」や「企業会計」における限界を突破するために、頭の体操として、「経済性工学」から例題をひいてみよう(9)。

①暇なそば屋がある。もりそばの材料原価を一五〇円、売値を五〇〇円として、一人のお客が一人前を注文したが、従業員が床に落としてしまった。作り直して、お客は五〇〇円を支払って店を出た。この店の損失はいくらか？

②大みそか、いつもは暇なそば屋だが、すでに製造能力にあわせて予約で一杯である。それなのに、また一人前を床に落としてしまった。この店の損失はいくらか？

①は、材料費の一五〇円の損である。しかし、②は、「予約で一杯」だから、製造能力の範囲で考

えると、最後にやってきたお客が食べることができない。したがって、売上そのものを失ってしまった。

この例題が示すのは、従来の「経理」や「企業会計」の枠を超えていることである。②の例は、最後にやってきたお客は、食べられなかったのだから、ふつうの「会計」なら「売上」の計上もできない。つまり、「経済性」と「記帳」とでは、考え方が違うのである。さらに、この食べられなかったお客は、その後どんな行動をするだろうか。もしかしたら、来年から来店も予約もしてくれないかもしれない。ならば、店としてはどんな「謝罪」をすべきで、そのコストはどう把握すべきだろうか。

例題の事象は、あるお客様の生涯にわたる売上機会の喪失可能性を示唆する。これは、現実に考えられる「よくある」ことだろう。この事例①と②は、そばを一人前床に落とした、という事象自体はどちらも同じなのに、暇で「手余り」のときと、予約で一杯の「手不足」とで全く違う「損得」ドラマになってしまう。これが、人的サービス業の、本当の「難易度の高さ」を示す例の一つである。

さて、上記の事例から、さらに「原価」とは、材料原価「だけではない」こともわかる。売上さえも「原価」になる可能性があるのだ。つまり、本来の「原価」とは、事業に使うすべての「価値」のことを指す。このときの「価値」とは、「経済価値」のことだ[10]。

すると、他人がつくった価値の原材料費を除くと、最大経費となる「人件費」も、「経済価値」として考えなくてはならない。なぜなら、労働（力）を売っている労働者から、会社は労働（力）という「経済価値」を買ったからだ。これは、「就業時間」と「単価」の関係になる。単価が労働（力）の「質」を表すから、あとは、会社が従業員から購入した時間、の「経済価値」が業績を左右するのである。

「付加価値」には、「人件費」も含まれるので、ただ人件費を支払うだけではなく、見合った価値を引き出さなければならない。ところが、「時間は在庫できない」から、「人件費が高い」という経営者は、自身の指揮・命令における労働（力）の時間の使い方が「下手」なだけなものを、まるで労働者のせいにしている、ともいえるのである。

ここに、「働かせ方」と「働き方」の本質が現れてきた。

能力評価から決まる「単価」を除けば、在庫できない「就業時間」の合理的使い方のための情報の有無が、決め手となるのである。そして、多くの企業が、この重要情報を得るための仕組みを用意できていないばかりか、「慣性の法則」による「決算書」に依存しているのである。

ＡＢＣ（活動基準原価計算）とＡＢＭ（活動基準マネジメント）

人事評価における「成果主義」がいわれてから、各企業はそれぞれの工夫をこらして実践している。(11)

しかし、人事評価そのものからは、企業会計の側面がなかなか見えない。

一般に、企業会計は、以下の二種類に大別できる。

①財務（制度）会計
②管理（経営）会計

①の財務会計が別に制度会計とも呼ばれるのは、上述した「税法」や「会社法」という「制度」に基づく「会計」だからである。国際化の進展により、外国の株式市場に上場すれば、「国際会計基準」の適用が義務づけられるので、それぞれの制度に見合った準備段階から用意する必要がある。

これに対して、経営のために利用されるのが②の「管理会計」である。「経営会計」とも「儲けるための会計」ともいわれる。自社の企業価値をあげるにはいかにすべきか、すなわち、経営者と労働者の労働（力）とを「協働」させて、確実に「付加価値をつくりだす」ための会計ともいえる。

また、制度会計が「法律」などの「制度」による「しばりがある」ことを前提にするのに対して、管理会計は「自由設計」であるという特徴がある。ようは、自社のための会計だからだ。

各種サービスの集合体であるゆえに、サービス業の「頂点」ともいわれるホテル業においては、「米国ホテル会計基準（ユニフォーム・システム）」が我が国でも導入はされているが、その普及が業界における「標準」になっているとはいえない状況にある[12]。

この会計基準は、ニューヨーク市ホテル協会が一九二六年に出版したことを始まりとするもので、資本集約的（土地や建物・設備を必要とする）かつ、労働集約的（労働者の労働（力）を必要とする）という、産業界にあっては特異ともいえる業種にあって、開業に必要な「資本」の提供を得るために、出資者への「部門別事業報告」という意味合いが強かった。従来の制度会計にはない「管理会計的側面」があることを否定しないが、用途的には「制度会計」に近いと考えられる。(13)また、昨今は、「制度会計」である「国際会計基準」への統合が始まっている。

ではどんな「管理会計」が考えられるのだろうか。

日本との産業競争に敗退しそうだったアメリカでは、八〇年代の終わり（冷戦の終結期）になって、USスチールの社内検討で、ブルーカラーの業務における生産性では日本のそれと遜色がないが、ホワイトカラーの業務に問題があることがわかった。

この分析から、ABC（Activity Based Costing：アクティビティ・ベースド・コスティング：活動基準原価計算）の手法が生まれ、管理業務における「活動」のムダを多数発見・改善して、利益改善をもたらした。そして、この効果に目をつけたアメリカの銀行が、「自社はホワイトカラーの業務しかない」ということで、ABCを導入したところ、やはり目覚ましい効果があったのである。

分析対象として有効な分野は、なにもホワイトカラーの業務に限定されたものではなく、生産現場においてもその有効性は確認されている。(14)これは、現在の「日商簿記一級試験」における「戦略的原価計算」に、ABCが登場することでも理解できるだろう。要するに、原価計算における「費用配賦」をどうするのかという伝統的問題を解決する手法でもある。

特に部門を越えた「共通費」を各部門に「配賦する」ときの「基準」が、従来の方法では問題だった。例えば、ホテルの新聞広告で、宿泊と宴会、レストランの案内が一緒の枠に出た場合、経理では定規を出して、それぞれの「面積」を算出し、その率で部門へ「配賦」するといった具合である。

サービスの製造原価

生産活動の結果として生まれるのが「財」である。

だからといって、「財」とは、物理的な「製品」とはかぎらず、「サービス」も含まれる。それで、有形物を「財」と呼び、無形物を「サービス」と呼ぶから、これをふつう「財とサービス」と合わせていうのである。どちらも人間の欲望を満たすもの、という意味である。

サービス業にあって、広く採用されている「商業簿記」には、「製造原価」という概念がないから、製造原価は「存在しない」、あるいは「関係ない」ということではない。単に、制度会計の「便宜上」、「ないことにしている」だけである。

しかし、サービス業の経営者は、ふつう制度会計の決算だけでよしとする（管理会計を必要としない）傾向があるので、サービスの「製造原価」なんて「ない」ものとして考えてしまう。この「勘違い」が、経営改善の大きな足かせになっていて、業績不振企業ばかりか、優良企業でさえも、出るはずの利益をみすみす失っている可能性が高い。

オートメーションが発達して、現在の最新工場の現場では、ほとんど「人」が働いていない。にもかかわらず、ＡＢＣが有用なのはなぜかということを追求すれば、たっぷり「人」が働いているサービスの現場や調理場など、実はサービス業にこそＡＢＣの導入効果が期待できるのである。

なぜなら、ＡＢＣの「Ａ（アクティビティ：活動）」とは、人間の活動のことだからだ。もちろん、雇い入れた時点で「人件費」が発生するのは、「時給」で考えれば簡単に理解できる。正社員なら二〇〇〇～三〇〇〇円になるから、一分五〇円程度だろうし、年収一〇〇〇万なら、ざっと一分八〇円から一〇〇円になる。働く側がこの時間、価値を生まなくても会社には支払義務がある。さらに、人間が動くと「経費＝原価」が発生する。電灯をつける必要からして「経費発生」が始まるからである。この「経費」すら、「原価」である。

これからだけでも、財務会計による損益計算書の経費科目を見ながら「経費削減」を試みてもうまくいかない理由がわかるだろう。人間の行動のムダを削減しなければならない。そして、その人間の行動を基準に原価を計算することが、最善かつ有効なのである。

ＡＢＣを活用した経営改善の仕組みをＡＢＭ（Activity Based Management：活動基準マネジメント）といい、「アクティビティ単位の個別分析を通し、組織として、注力すべき活動と、注力せざるべき活動を分類・定義することにより、競争力強化とコスト削減を両立させ、経営資源の最適活用を達成する経営手法」と定義[15]される。

この定義による第一のポイントは、「注力せざるべき活動」が特定できることにある。つまり、「引き算」だ。とかく「足し算」による業務量の増大が、組織と労働（力）に負担がかかり、それが退職や採用困難による「人手不足」を増大させていることの理由でもある。特に、サービス業界において「注力すべき活動」だけが増えるのは、他社との競争が理由になっていることに留意したい。これには、「ひとりよがり」のサービスすら含まれるのだ。

第二に、「活動」が基準になっているから、アウトソーシングなど、外部組織との連携における「注力すべき活動」と「注力せざるべき活動」が明確になることも重要である。すなわち、社内だけでなく社外へと繋がる活動にも有効な経営手法なのである。

このことは、人事評価における業績評価基準をどのように設計するのかに通じる。これは「財務的業績基準」と「非財務的業績基準」とを「統合する」ことが可能か否かという問題になる。接客サービスは、とかく「目に見えない」ことが強調されるけれど、それゆえに「業績」との関連が「非財務的」になりやすいから、恣意的な評価に繋がるのである。

ABCに基づくコスト・マネジメント・システムは、オペレーショナルな領域と戦略的領域の両方に対して有用なアクティビティ・ベースの業績評価基準を提供することができる。(16)

非財務的業績評価基準に基づいて業績の改善を図ったとしても、それが財務上の損失につながるならば、何の役にも立たない（中略）幸運なことに、多くの企業は、ABCに基づく非財務的業績評価基準を適切に選択し、モニターし、これらの業績評価基準に基づき適切な行動を採るならば、財務上の業績も改善することができると分かっている。(17)

このことは、「新しい中世」における「藩士」たちにも、契約による「騎士」や「武士」にあたる

「他社」や「個人事業主」に対する評価基準を与えることを意味している。そしてそれは、契約における「対等」すなわち「お互い様」の関係として、相互に評価できることも意味するから、これまでの「評価する側」と「評価される側」という一方向的行為ではすまない社会に適応できることも示唆しているのである。

かつて、八〇年代から九〇年代のはじめに我が国に上陸したＡＢＣは、システムとして個別企業のオーダーメイドが必須で、高額かつ開発にも手間と時間を要した。しかし、その後の「デジタル変革」によって、もはや「中小企業」にも導入が図られる時代となっている。これは、すぐれた「プラットフォーム」が提供されているからにほかならない。

かつて、企業会計をどんなに充実させても利益に貢献などしない、といわれていたことがあったが、もはやＡＢＣやＡＢＭが「ないこと」が、経営リスクになっているのである。

4　サービス料のデジタル変革

「新しい中世」とは、領主である「企業」と、騎士や武士にあたる「個人事業主」との「自由契約」で成り立つ社会であるから、前節のように、個々の「活動」を「評価」できることを前提とするのは「対等」を旨とするからである。

すると、人的サービス業である宿泊業や飲食業を中心にした業界における、「サービス料」をどうするのかという「忘れられた問題」が急速に頭をもたげることになると予想できる。

世界的には「チップ（心付け）」が主流であるが、我が国では戦後に「日本独自」ともいえる「サービス料制度」が一般に普及して今に至っている。多くの場合、その料率は「一〇％」になっているのも特徴的で、高級クラブやバーで一五％や二〇％としている店もある。

なお、自分が入店したところのサービス料がいくらなのかを事前に知りえないのは「問題」となる。民法一条二項「信義誠実の原則」に反するので注意したい。

サービス料とチップ制

さて、サービス料の問題とは、サービス料を利用客から徴収している多くの企業で、「サービス料を売り上げている」ことに原因がある。もちろん、いったん企業収益に計上しようとも、全額、その徴収根拠である「サービス」をした人間に還元されるべきとしてこれをもって「給与」に付加していた時期もあったが、度重なる不況などの「経営危機」によって、今ではほとんどのサービス料徴収企業では、従業員給与に直接反映されてはいない。

このことについて、著名なホテル評論家である桐山秀樹氏はその著書『じつは「おもてなし」がなっていない日本のホテル』において「怒りすら覚える」と表現している。(18)

これは、「サービスの対価」という意味の「チップ」が得られない仕組みの矛盾と、サービス企業を経営する側の「安易さ」を指しているのである。

自身が行ったサービスが正当に評価されて受け取る「チップの額」が、サービスをする人を育てもするから、果たして企業が用意する「サービス研修」なるものは、余計なコストなのではないか。逆に、チップ収入を前提にすれば、欧米のホテルのように、固定給は低くても十分に本人は暮らしていけるのではないか。

つまり、欧米ホテルとは、利用客にも「時空」を提供しているが、サービスをする従業員にも、チップの稼ぎの場という時空を提供していることになる。すなわち、サービス料とチップの関係は、「働かせ方」と「働き方」を決定的に変えてしまうものなのであり、「新しい中世」としては、「チップ制」でなければならない、という問題が現れるのだ。

訪日外国人の数が増えて、政府の立てた目標人数は達成が早まる事態となっている。この中で、外国人による「チップ不要」という我が国の評価は上々のようでもある。しかし、少子化と人手不足、さらに「コロナ禍」以降の社会変化も前提とした外国人労働者の受け入れ問題は、前述した「ジョブ・ディスクリプション」とは別次元で、特に深刻な人手不足に直面しているサービス業において、果たして世界的にまれな「サービス料」を維持できるのか。それとも世界標準に回帰して「チップ制」とするのかという問題が、必ず浮上するはずだ。

そのとき、「電子決済」の応用ができれば、小銭を用意する必要もなくなるし、これがＡＢＣと連動すれば、個々人の提供する「サービス技量」という「非財務的だった」評価基準も統合する結果が期待できるのである。

ここで、「サービス技量」とは「サービス品質」と読み換えできることに注視すれば、企業にとって、「サービス技量」にすぐれた人財を失うことは、すなわち目に見える形で「顧客を失う」ことに直結するし、その逆もまた「真」である。つまり、自己の技能を磨くことへのモチベーションが高まるとともに、その評価がハッキリすることで、本人の労働（力）研鑽への欲求もかつてなく高まることになる。このことは、不本意だが仕方なくサービス要員になる、ということではなくて、人生の充実感も提供してくれることだろうと期待できるから、本当は「サービス提供企業」がこぞって導入したくなるはずなのだ。

しかし、経営者による「売上を失う恐怖」が、それを不可能にしている。「協働」の概念が欠如していたことの「悲劇」だ。

しかし、次に見る「可能性」があることも指摘しておきたい。

カジノの「功」としてのチップ制

我が国におけるカジノ（統合型リゾート）には、用語の混乱が見られる。

まず、法律を見ると正式名称を「特定複合観光施設区域の整備の推進に関する法律」となっているので、「複合施設」なのだ。どこにも「統合型リゾート」という言葉が出てこない。にもかかわらず「統合型（ＩＲ）」というのはどういうわけだろうか。

全国各地にある「複合施設」で典型的なのはショッピング・センターであり、これを例に考えると、施設構成は、巨大駐車場を横に、フロアー別に各種「専門店」が入居しているのが特徴だ。地上階が食品、二階からが衣料品やスポーツ用品があって、大型家電量販店やシネコンもある。これらは、ゆるやかな「コンセプト」のもと、面積割りによって入店しているに過ぎない。したがって、業績不振になると、店舗が歯抜け状態になるのである。キーワードは「面積」だ。まるで設計図に、タイル型のパズルを埋めるのが「複合型」なのである。

一方、「統合型」の「統合」とは「Integral」である。つまり、高校数学で多くの生徒を悩ませた「積分」のことである。これは、すべての施設や店舗が、ある「事業コンセプト」に基づいて「統合」されているイメージである。従来の施設なら、東京ディズニーリゾートやユニバーサルスタジオジャパンが近い。カジノだけが「統合型」なのは、宿泊施設も含めて何でもありだからである。

では、そのコンセプトとは何か。筆者は、「人間の欲望」だと解釈している。それは、「法第一〇条五」に「風俗」についての記載があることでもわかる。

カジノは、事業コンセプトにしたがう形態での我が国初のリゾート（遊び場）なのである。

そして、すべてが「人間の欲望」を満たすための「関門」である、博打での勝利、に焦点が定められている。もっといえば、博打をするつもりのない人にも、カジノ施設内の何か、例えば「劇場」や「食事」などにやってきたお客を、「その気にさせてなんぼ」というビジネス・モデルが、最新の学術成果も導入して開発されているのである。その「成果」の「積分」をしているから「ＩＲ」になっているのだ。

政府は、世界的に生産性の低い我が国サービス産業を目の敵にしている。

かつて、エネルギー転換として、石炭から石油への強引な切替を政府は行った。そして、各地の炭鉱で深刻な「労働争議」が発生した。果たして政府は再び、カジノを使って日本型の生産性の低いサービス業界の強制的転換を図っているのではないかとは、考えすぎだろうか。ただし、肝心の業界がこれにまだ気づいていない。

カジノで流通するのが、現金に換金できる「チップ」であるが、「サービス料」の代替としての「チップ制によって差し出されるお金」とまぎらわしいので、ここでは厳密に「チップ」と「チップ制」をわけて表記する。

どんなゲームでも、スロットマシーン以外、人間がプレイに関わるゲームなら、「チップ」が使われる。同時に同じゲームを楽しむお客は複数でも、相手である「ディーラー」は基本的に一人である。したがって、一回の勝負でかなりの勝ちをとったお客は、「チップ」を「チップ制」としてディーラーに放り投げる行為をすることがある。もちろん、これは「ディーラー」の収入になる。昔なら、これを「ご祝儀」といったろう。つまり、カジノは「一律のサービス料制」をとる我が国のサービス業にあって、唯一、「チップ制」の場となりうるのである。

たかが全国に三カ所しかできないとはいえ、利用客はあらためて「チップ制」を知ることになるし、何よりも従業員がチップ制からの報酬を得るのである。長い時間はかかるだろうが、お客と従業員双方の「経験」が、日本を再び「チップ制」に向かわせる力になる。

また、外国からやってくるカジノ事業会社が、「ＡＢＣ」や「ＡＢＭ」をひっさげてくる可能性も高い。それには、「ジョブ・ディスクリプション」はもとより、「人事評価基準」も含まれるはずだ。すると、カジノに勤務経験のある人が、果たして旧来の日本型経営を曲げないサービス業界に戻ってくるのか。戻らないとすれば、「人手不足問題」はどうなるのか。

このようにして、現実は、カジノの立地にかかわらず、全国のサービス業に影響を与えることは確実なのである。

本書第6章で紹介したように、個々人の行動を把握するシステムは、すでに実用化されている。ほんの少しの改良で、ＡＢＣやＡＢＭに基づく経営手法と、人事評価、そしてチップ制による収入が統合されれば、これまでにないサービス企業経営が実現する。

まさに、「新しい中世」が、サービス業界から実現するであろう。

注

（1）河合雅司『未来の年表――人口減少日本でこれからおきること』講談社現代新書、二〇一七年。

（2）堺屋太一『団塊の世代』講談社、一九七六年。戦中生まれを含む「焼け跡世代」の後、一九四七～四九年生まれの「第一次ベビーブーム世代」を指す。巨大な人口の「かたまり」のため、この「かたまり」がつくった「世代文化」は、我が国の文化・思想面に多大な影響を与えたし、今も与え続けている。

（3）文部科学省「名目ＧＤＰに占める産業別割合の推移」http://www.mext.go.jp/b_menu/shingi/chukyo/chukyo10/shiryo/__icsFiles/afieldfile/2010/12/15/1299347_3.pdf（二〇二〇年八月一五日最終閲覧）。ただ

し、原資料は内閣府「国民経済計算」による。

(4) チェスター・アーヴィング・バーナード著、山本安次郎訳『経営者の役割』ダイヤモンド社、一九六八年のほかに、飯野春樹訳、有斐閣新書、一九七九年もある。原著刊行年は、本文にあるとおり、和暦で昭和一三年。国家総動員法が公布・施行された年である。

(5)『明日を支配するもの——21世紀のマネジメント革命』ダイヤモンド社、一九九九年。「事業を成功させるものは、コストではなく、価値の創造である」。

(6) 田中明彦『新しい中世——21世紀の世界システム』日本経済新聞社、一九九六年。

(7) 大河内一男『日本的中産階級』文藝春秋新社、一九六〇年。昭和三五年に出版された本書で、ようやく「中産階級」らしきものが形成されてきているとしているから、我が国の長い「貧乏」の歴史の中で、中産階級の繁栄はたかだか「半世紀」ほどの時間でしかなく、「格差」と「貧困」を前に崩壊を始めている。

(8)「要素価格均等化定理」は、提唱者にちなんで「ヘクシャー・オリーンの定理」とも呼ばれ、オリーンは一九七七年のノーベル経済学賞を受賞している。

(9) 千住鎮雄・伏見多美雄『新版　経済性工学の基礎——意志決定のための経済性分析』日本能率協会マネジメントセンター、一九九四年（初版は一九八二年）、五三〜五五頁。

(10) 林聰『「原価計算」しているのに、なぜ「儲け」が出ないのか？——コストを見える化する「ABC」入門』日本実業出版社、二〇一八年。「例えば目玉焼きをつくるとしよう。殻を割ってボールに入れたタマゴが消費した材料だ。焼くために使った電力量、それから料理人が目玉焼きをつくるのに使った時間が経済価値の消費であり、原価だ。（中略）これら経済価値の消費量を『原単位』と言う。そして単価をかけて金額に置き換えたものが『会計の原価』だ。一kgあたりの単価一〇〇円の材料を一〇kg使った場合、原単位は一〇kgで、会計の原価は一〇〇〇円ということだ」（三五頁）。

(11)　日本経団連出版編集『最新成果主義人事考課シート集――本当の強さをつくる評価・育成システム』二〇〇三年。やや古いが、各社の考課シートが公表されている。
(12)　長谷川恵一「「宿泊施設の統一会計方式」に基づいた管理会計情報の利用可能性」『早稲田商学四三四号、二〇一三年一月、http://www.waseda.jp/w-com/quotient/publications/pdf/wcom434_07.pdf（二〇二〇年八月一五日最終閲覧）。
(13)　青木昌城『「おもてなし」依存が会社をダメにする――観光、ホテル、旅館業のための情報産業論』文眞堂、二〇一五年、四四頁。
(14)　林、二〇一八年。この著作では、「キャンディ工場」の再生を事例に、物語小説的にＡＢＣを解説している。
(15)　松川孝一編『営業力向上・プロセス改善を実現するＡＢＣ／ＡＢＭ実践ガイドブック』中央経済社、二〇一〇年、三八頁。
(16)　吉川武男／ジョン・イネス／フォークナー・ミッチェル『リストラ／リエンジニアリングのためのＡＢＣ』中央経済社、一九九四年、一七五頁。
(17)　吉川ほか、一九九四年、一六八頁。
(18)　桐山秀樹『じつは「おもてなし」がなっていない日本のホテル』ＰＨＰ新書、二〇一四年。「だが現実には、おもてなしの心をもつ現場スタッフたちが、見返りを求めず、できうるかぎりのサービスを提供しようとしている。そうしたホテルマンたちの涙ぐましい努力をみるにつけ、日本の前近代的、もしくは、社会主義・共産主義的ホテル経営と呼んでいいような日本のホテル業界の現状には、ホテルを愛する人間として怒りすら覚える」（六八頁）。

第9章

新しい組織・採用・産学連携の可能性

永井恵一・神田達哉・島川　崇

デジタル変革時代に求められる企業組織として、むすびに組織づくりのあるべき姿について論じたい。「組織形態と採用方法が変われば、きっと会社はよくなる」。そのような考え方のもと、第一節と第二節ではツーリズム各社での実装を検討したい概念やケースを示していく。そして、第三節では、企業と大学との連携について、当事者の立場から課題や成果を示した上で、大学教育の理想像について言及する。事業推進上の政策課題への取り組み同様、ツーリズム各社は組織課題に対してもいかにも鈍重だ。各節で述べる手法を最適化して実践するというアクション自体が、インターナルにもエクスターナルにも良好なコミュニケーションとして機能する可能性が十分ある。

1　新しい組織

主体性とアクティブ・ラーニング

大学教育の現場では、近年アクティブ・ラーニングという手法が積極的に導入されるようになった。文部科学省中央教育審議会による「新たな未来を築くための大学教育の質的転換に向けて～生涯学び続け、主体的に考える力を育成する大学へ～（答申）」（二〇一二年八月二八日）には、用語集で以下のように説明されている。

> 教員による一方向的な講義形式の教育とは異なり、学修者の能動的な学修への参加を取り入れた教授・学習法の総称。学修者が能動的に学修することによって、認知的、倫理的、社会的能力、教養、知識、経験を含めた汎用的能力の育成を図る。発見学習、問題解決学習、体験学習、調査学習等が含まれるが、教室内でのグループ・ディスカッション、ディベート、グループ・ワーク等も有効なアクティブ・ラーニングの方法である。（http://www.mext.go.jp/b_menu/shingi/chukyo/chukyo0/toushin/1325047.htm）

学生が「能動的に学修する」ことができるよう、「問題解決学習」（PBL：プロジェクトベースドラーニングともいわれる）のシナリオを考え、「グループ・ワーク」ができるようにテーマを設定して学生に提示する。ときにはそこにメンター、アドバイザーとして連携する企業の社員の方が参加し、学生の学習を支援する。学生としては、実社会で通用するような問題解決が求められ、現場に精通する社会人から評価される、という実践的で刺激的な学びの場となる。さらに、リーダーシップ教育に力を入れる大学も増えつつある。より能動的に、主体的に取り組むための考え方や、コミュニケーションの方法論と実践を学び、社会人に必要な姿勢を身につける。

大学での学びの組織は、教える「教員」と教わる「学生」の関係から、ともに学ぶ「学生」とそれを支援する（支援しながらともに学ぶ）「教員」との関係に変わりつつある。ヒエラルキー型から、フラット型の関係性への変化が生じている。一部では「体育会系（＝ヒエラルキー型）」「文化系（＝フラット型）」といった文化も残るものの、それもあまり表には見えにくくなってきているように思われる。

一方で、こうした教育が推奨される背景には、学生の主体性の低下が挙げられる。大学に進学することが当たり前の時代。上位校に挑戦する受験生も少なくないが、一方で、大学のレベルにはこだわらずに、指定校推薦や付属校推薦、あるいはＡＯ入試で受験できるような安全圏の大学に、入学試験（筆記試験）を回避して安心して合格を得ようとする受験生もまた少なくない。

大学卒業後のビジョンにも無欲、無頓着な学生もいる。大学までは自分にあったレベルの大学が必ずあって、意欲をあまり示さなくても入学することができたかもしれない。しかし、就職活動は違う。どれだけ能動的に取り組み、企業に良い影響力を持つ人材かどうかが見極められる。そのための訓練の場としてのアクティブ・ラーニング、またはリーダーシップ教育だと学生には説明しているが、必ずしも理解が得られるわけではない。

学生の主体性の低さは、スマホ依存の生活スタイルが原因の一つであるとも考えられる。彼らは授業中もスマートフォンを手放さない。授業と関係する用途で手に持っているのなら問題ないが（スマホで出欠をとる場合もある）、こっそりゲームをやっている学生もいれば、SNSのストーリー（二四時間で自動的に削除される写真や動画の投稿）のチェックに余念がない学生もいる。特に親しい友人以外とは、リアルでの会話ではなく、SNS上でのやりとりやストーリーから情報を得ることが主な交流の方法になっている。深く知っているようで、いざとなるとどう会話していいかわからない。「私は人見知りです」と自己紹介をする学生も増えてきている。

インターネットの普及により、コミュニケーションがいつでもどこでも、音声通話だけでなく多様な方法で可能になった。それだけ深い人間関係が構築できるようになったかというと全く逆で、とても浅い人間関係が、広く展開されるようになった。待っていればSNSを通していろんな情報が手に入る。人間関係に対しても主体性のない学生が増えてきている、ということではないだろうか。

スマートフォンの普及により、主体性もなく、能動的にもなれない学生が増えているとしたら残念だが、それを改善し得るのがアクティブ・ラーニングだ。大学はより専門的な知識を得るための高等教育機関だが、学生が社会に出るための基盤をつくる場所でもある。

デジタル変革は、コミュニケーションの新たな次元開いた。時間や距離感（物理的、心理的を問わず）といった障壁を取り除き、誰とでも繋がることができるツールとしてのスマートフォン（情報通信機器）は、組織デザインのあり方も変えようとしている。従来のヒエラルキー型組織では、一人ひとりの能力が十分に発揮されないばかりか、当事者意識や価値創出に繋がるモチベーションは減退してしまい、組織全体の能力低下に繋がりかねない。個々のリーダーシップを喚起し、高い意識を保ちながら役割を遂行できる組織づくりが求められる。

大学教育においてアクティブ・ラーニングが目指す理想は同じだ。学生がスマートフォンを使いこなせるか、情報に踊らされてしまうかによって、全く違う人材へと成長していく懸念がある。デジタル変革時代における新たな組織の形を模索しつつ、ヒエラルキー型組織との比較からその特徴を明らかにしたい。

ホラクラシー型という新しい組織

「ホラクラシー」という言葉を聞いたことがあるだろうか。「ヒエラルキー」の対義語といわれ、新しい組織のあり方だと、議論を集めるようになってきた。

ホラクラシーという言葉は、ブライアン・J・ロバートソンによって二〇〇七年に提唱された。その後二〇一五年にまとめられた著作は翌年日本にも紹介され（『HOLACRACY――役職をなくし生産性を上げるまったく新しい組織マネジメント』瀧下哉代訳、PHP研究所）、ホラクラシーの利点や課題に関する議論も紹介されている[1]。

ホラクラシー型組織の特徴は、「フラットな組織構造」であり、「リーダーがいない」こと。年功序列、終身雇用を前提とした日本型企業組織の文化とは真逆を行くもので、この組織が構成できるかどうか自体もまた、大きなハードルだともいえる。

ホラクラシー型組織には上司、部下といった関係がない。役職や肩書きという考え方がなく、役割ごとにサークル（チーム）が構成され、そのサークル内だけで業務を完結できる組織構造となっている。そのため、上司の指示を仰ぐことや、誰かに承認を得る必要もなく、サークル内の合意によって業務が進められる。非常にスピーディで、柔軟に業務を進めることが可能であり、この自己管理型の特徴によってイノベーションの実現可能性が高いと評価されている。

このような意味ではオーケストラの組織と似た特徴を持っていると考えることができる。個々がその能力を発揮して、楽器ごとに（ヴァイオリンやトランペットといった）音楽を奏でる。その総体として美しい交響曲が完成する。ホラクラシー組織でも、構成員の一人ひとりが主体的に業務を遂行し、サークルとして一つの役割を果たす。そして、いくつかのサークルを内包するサークルがあり、総体として一つの企業を形づくるのだ。

しかし、ホラクラシー型組織では通常個々のメンバーは複数の役割を、複数のサークルで担うことになる。オーケストラでは、ヴァイオリンとトランペットの役割を同時に担うことはできないが、ホラクラシー型組織では、完全分業ではなく、マルチタスクな働き方が求められる。いくつかの役割に同時に責任を持ち、遂行する能力が必須となる。

リーダーの考え方も特徴的だ。ホラクラシー型組織ではリーダーは自然発生的に必要に応じて決められる。誰がリーダーとなるかは役割によって決まり、リーダーとなるべき役割を持つ人がリーダーとなる。リーダーがいないのではなく、誰もがリーダーとなり得る。

オーケストラにおいて、個々の奏者の責任は重大だ。例えばヴァイオリンは、第一ヴァイオリンと第二ヴァイオリンの二つのパート（チーム）に分かれて、それぞれ一〇名前後で構成される。最前列が各パートのリーダーで、パート内のメンバーは全員同じ旋律を奏でる。目立つ場所にいる奏者でなければ少しくらいのミスは許されるだろう、観客にも分からないだろう、とそんな考えをするのは筆者くらいだろう。観客からはどんなに目立たない場所にいる奏者でも、どんなに些細なミスでも、大きな不協和音となって演奏全体に悪影響を及ぼしていることを感じ取ることができてしまう。

ホラクラシー組織には、パートリーダーや指揮者のように定まったリーダーはいない。しかし奏者一人ひとりの責任が重大であるように、サークル内の各メンバー一人ひとりの主体性や責任感が強く求められる。役割によって繋がり、個々のメンバー、個々のサークルが責任を持って主体的に業務を遂行するような組織のあり方、それがホラクラシー型組織である。

ホラクラシー型組織人の育成に向けて

「大学での学びが今の仕事に生かされていない」と、せっかく専門的な学びを修めてもその延長線上に今の仕事がない、という声はよく聞かれ、残念でならない。

観光系の学部学科の学生の就職が、観光業界へうまく繋がっていないことや（一～二割程度でしかない）、観光業界の側からも、観光系学部学科のカリキュラムへの疑念もあり（何を学んでいるのかよくわからない）出身学生への期待感が低く、大学と業界との間に大きなミスマッチが起きている、と以前からよく指摘されている。ともに観光を盛り立てたいという同じ志向を持つ仲間であるはずが、その間に連続性がない、という残念な状況である。

大学時代に大変活躍していた学生が、満を持して旅行業界に就職し、しかし、さほど活躍するでもなく転職した、という残念な話を聞かされ、やりきれなさを感じることもある。一体なぜ、このようなことが起きているのか。

大学教育では先述したアクティブ・ラーニングが盛んになってきている。大教室で黙々と教授の話を聴く講義型の授業もあるものの、少人数で何か実践的なプロジェクトを遂行する演習型の授業を多く経験する。ある講義では、与えられた課題の解決策を提案すべくグループが形成され、各グループがそれぞれのアプローチで課題に向き合う。他の講義やゼミでも、同様の枠組みでグループが作られ、また別の課題（役割）が与えられる。どことなくホラクラシー型の組織を形成しているようにも考えられないだろうか。少なくとも、講義の中では学年による上下関係もなく、ヒエラルキー型の組織となる要素はどこにもない。

観光業界の期待に適うよう、実学的で実践的な学び、そして人間力を高める学びを探究した結果、課題解決型学習のための小グループがいくつも作られ、ホラクラシー的な環境が形成されている。それが今の大学の有り様だ（もちろん、すべての大学でそうとはいえない）。一方で観光業界はどのような状況だろうか。年功序列、終身雇用を前提とした日本型企業組織の文化を維持しているのが大半ではないか。

大学におけるホラクラシー的な環境。そして企業の分業型、ヒエラルキー型の組織。両者の間には真逆の組織環境がある。そのことが、就職活動におけるミスマッチや、就職後に活躍できない学生、という悲劇を引き起こしている要因の一つだといえるだろう。

2　《ケース》リファラル採用の取り組み

「リファラル採用」とは、会社をよく知る従業員からの紹介による、「コネ採用」とは一線を画す採用手法である。近年、転職潜在層の獲得や採用の質向上、経費削減、それにミスマッチ低減の観点で注目が集まっている。採用を「人事担当だけ」ではなく、「社員みんな」が行えるものに――。『入りたい会社づくり』を考えることのできる組織へと変革することが可能」とされる独自のメソッドを提供する、業界随一のノウハウを備えるスタートアップ企業のキーマンにサービス連合情報総研が話を聞いた。（取材日：二〇一八年一〇月一八日）

〈取材対象者プロフィール〉

小林佳徳《こばやしよしのり》さん

株式会社リフカム　組織開発部部長。

一九九八年、新潟大学大学院修了後、大日本印刷に入社。ネットビジネス黎明期にECサイト立ち上げに関わる。その後、ベネッセコーポレーションでは進研ゼミのデジタル版、音声認識英語教材に携わり、エッジ（後のライブドア）へ入社後はインターネットビジネスの立ち上げをリード。ライブドア事件後には管理部門にて会社の立て直しに参画。ベンチャー三社を経験後、再びベネッセにて学習教材の新規事業開発リーダーを担当。Ｅｄｔｅｃｈスタートアップのマナボにて執行役員事業統括部長を務め、二〇一八年より現職。『社長が逮捕されて上場廃止になっても会社はつぶれず、意思は継続するという話』（宝島社）を二〇一四年上梓。

当事者意識の醸成

――リファラル採用に関わる事業に取り組まれた、そのきっかけは何ですか。

「当社はもともと、スタートアップ企業の仲間集めを解決するサービスの開発・運営を通じて、創業者を支援するプラットフォーム事業を行っていました。ただ、起業家だけを顧客とするサービスだったため、マネタイズには相当苦労したようです。そして、別のビジネスを模索する中、事業領域を企業の採用支援へと変更しました。普通、採用といったらイベントにせよ説明会にせよ、企業の経営者や人事担当者が数名で対応するかと思いますが、そうした現場に、ある会社が二〇人ほどの社員全員を連れてきている様子を、当社代表が目の当たりにしたのです。『全社で採用するんだ』という強い意気込みのようなものを感じさせる、本当にすごい雰囲気があったといいます。企業って、だんだん規模が大きくなっていくと、営業は営業に特化し、採用は人事、と分業が当然進みます。営業マネージャーくらいになると採用面接を担当することはありますが、自社に採用したい人を自ら探しに行くということはほとんどないはずです。ただその会社は、エンジニアさんが自分の企業のことを語り、入社を促すのです。これはビジネスになるかもと考え、アレンジした上で事業化に至りました。併せてそのタイミングで現在の社名に変更しています」

――Ｗｅｂ制作会社の面白法人カヤックは、全社員の名刺に「人事部」の肩書を入れて、社員の採用への意識を高めていると聞きました。

「イメージとしては同じだと思います。全員が会社の顔というか、皆が経営者目線を持っているというか。当事者意識を持っていれば、自分が働いている会社を大きくしたい、有名にしたい、働く人たちを幸せにしたいと感じるものです。そのためには、優秀な人を採用し続ける必要があるわけですが、そうした環境下においてはただ待っていても駄目だというマインドセットが構築されます。そうした文化を社内に醸成することはとても大事だと思います」

――リファラル採用を導入されているのはどういった企業ですか。

「有名なところですと、メルカリさんです。リファラル採用経由で入社した人が六割といわれます。あとは、転職サイトを運営されているビズリーチさん。自社のことをよくわかっている社員が紹介するスキームのリファラル採用なので、当然自社にマッチした人材が採用しやすいわけですが、社員が増えれば増えるほど、それぞれの社員の人脈があるので候補者はどんどん増えていき、ますます採用しやすくなります。急成長を目指す企業にはとても向いている採用手法だと考えます」

効率的・効果的な手法

――導入することによる他のメリットは何ですか。

「採用の選考ステップを減らせることです。イベントや説明会を開催する必要がありません。それに、人材紹介エージェントに支払う手数料も削減できます。安価で、それでいて会社に合った人を採れるとあって、一度リファラル採用が定着すると、その会社にとって強い採用手法となることがとても多いです」

――リフカム社の顧客は何社ですか。

「クラウドサービスの無料体験利用を含めると五〇〇社ほどです。そのうちの数パーセントかが実際にお客様となっているわけですが、最近ですと大手企業も増えてきました。教育関係ですと、代々木ゼミナールさんやサピックスさん。他には、クレディセゾンさんや、化粧品のポーラさんもそうです。これまでと同じ手法だけをやっていてもなかなか目標人数まで採用できなくなっている状況というのは、業界を問わないですね」

――リフカム社はどのようなサービスを提供されているのですか。

「戦略構築から戦術の実行まで、一気通貫でサポートしています。リファラル採用における協力者を把握するために、従業員の会社へのエンゲージメント測定を行い、『協力率』を可視化するシステムを持っていることが特徴です。人事コンサルティングの企業では、この仕組み単体だけでビジネスをされていますが、私たちはリファラル採用のために計測するのが独自性といえます。エンゲージメントの改善なしには、効果が上がりません。自社の他者への推奨度や、報酬や人間関係に対する満足度を定期的にスコアリングした上で、経営者や人事部長にお話しします。その際、社員との面談の必要性を訴えたり、経営理念を共有する施策の提案をしたりといったコンサルティングを行います。その部分は、カスタマーサクセス部が担っていて、法人営業や人事の経験者を据えています。顧客の話を聞いて、課題解決に至るまで考え抜いて実行できる人材を揃えました。そして、採用担当者向けのデジタルツールを導入していただきます。アナログでリファラルを進めると人事の手間は膨大です。どの社員がどういう応募者にアプローチしているか、その紹介状況や募集要項を周知できるクラウドサービスは必須です。社員もそれを活用すれば、簡単にお友達を誘うことができるような仕組みを整えています。このように、システムもコンサルも内製化したものをパッケージで提案しており、デジタルとアナログの両面で進めています」

――中途社員採用の場合、勧誘対象となるレイヤーはどのあたりが多いですか。

「ざっくりいえば、若い人の方が多いですね。年齢が上がるほど人脈が増え、多くの職場を経験していると思いますが、いいなと思う人は会社で結構いいポジションに就いています。概ね三〇～三五歳くらいが限界かと思います」

採用広報としての位置づけ

――サラリーマン社長の会社や保守的な社風の企業では、新たな採用手法を取り入れることに二の足を踏んでいそうな印象です。

「オーナー会社でないと、意識すら持ちにくいかもしれません。ただ、就活ルール撤廃の議論が出始め、将来的に雇用の流動性が高まる見込みといった状況を鑑みると、本当に良い会社とか本当に自分が行きたい会社のことを、皆もっと考えるようになると思います。昔から人気というだけで応募が来続けることはないでしょう。リクルートが最近、企業を評価するサービスを提供するグラスドアという海外の会社を買収しました。食べログや価格コムのような口コミサイトの書き込みが消費行動の大きなきっかけとなる今、『新卒説明会では聞こえのよいことを言っているけど、入ったら全然ダメ』といった口コミの書き込みが続けば、あっという間に評価は下がるわけです。歴史ある大企業でも、新しい採用の形を示すことはブランディングにも繋がります。環境が変わろうと変化のない企業は、不信感を抱かれかねないような時代ですよね、今は。それに、人事と現場、人事と経営層といった、コネクションが弱い部分を補強する作用が生まれるのは、古い会社にとって意義があるはずです」

――今後の展望をお聞かせください。

「人材紹介のビジネスが始まったのは今から二〇年前です。そして、ビズリーチやウォンテッドリーのようなダイレクトリクルーティングが始まって一〇年ほどになります。私たちのビジネスが一〇年経過する頃に、今のダイレクトリクルーティングくらいの知名度になっていればなと思います」

3 《ケース》産学連携の望ましいあり方

産学連携の課題

二〇一〇年代後半から「産学連携」という言葉を多く聞くようになった。それは、二〇一四年あたりから出てきた大学改革の議論が最大の要因である。二〇一四年一〇月七日、文部科学省の有識者会議において、株式会社経営共創基盤CEOの冨山和彦は、以下のような発言をした。

・一部のトップ校を除いて、ほとんどの大学は職業訓練校になるべき（G型大学、L型大学の議論）
・文学部はシェイクスピア、文学概論ではなく、観光業で必要になる英語、地元の歴史、文化の名所説明力を身につける
・経済・経営学部は、マイケルポーター、戦略論ではなく、簿記・会計、弥生会計ソフトの使い方を教える
・法学部は憲法・刑法ではなく、道路交通法、大型第二種免許を取得させる

等々、まさに政府の経済政策に合致した大学と学問分野だけを優遇、選別し、それ以外を切り捨てる提言が行われた。

今まで大学教員は、自分の研究分野に閉じこもって、狭い領域で専門家になっていればそれで済ん

でいたが、もっと社会の役に立つ学問であることを証明することを求められるようになった。さらに、実務家教員を一定割合で採用せよという指示が文部科学省からことあるごとに出るようになり、採用された実務家教員は、自分の得意分野である産業との連携をアピールするようになった。特に観光分野ではそれが顕著であり、産学連携が花盛りになっている。

文部科学省も大学改革を大学側に求めるにあたって、様々なチェックポイントを提示しているが、その項目の中にも産学連携に関する取り組みは含まれているため、大学側はこぞって産学連携に取り組み始めた。

しかし、産学連携が推進されて大学教育が活性化され、学生の満足度が高まっているかというと、そうとも言いきれないのが現状である。

以下ではまず、大学生をとりまく様々な産学連携を見ていこう。

インターンシップ

産学連携で最もポピュラーなものが、インターンシップである。最近就活支援企業の動向を注視していると、四年生対象の就活支援にも増してインターンシップ斡旋にかなりのリソースを割き始めている。就活支援会社は、インターン参加こそが内定へのパスポートとばかりに学生の不安な心に対して煽動的なメッセージを発し続けている。その成果は今の現役学生のマインドにもかなり反映されていて、三年生だけでなく、二年生も一年生もインターンに参加しなければと浮足立っている。

企業側も激烈な採用環境下で勝ち抜くために、採用活動のスタートダッシュで出し抜くためにも、採用に直結したインターンも導入し始めている。これに関してたちが悪いのは、採用直結にもかかわらず、表向きは採用とは関係ありませんなどと説明していることも散見される。ただの説明会を「ワンデーインターン」と称して学生を集客する例も少なくない。また、企業の印象向上のためだけのインターンも目立ち始めた。普段の日常業務ではやってもいないクリエイティブなワークショップ等の活動をさせて学生の興味をひいたりしている。インターンシップのほぼ半数が五日未満の短期実施であり、一日だけの実施という企業が四四・八％にものぼるというデータもある(2)。

もともと、インターンは企業の表面的イメージと実際のギャップを埋めるために始まったものなのに、これらの現状からわかることは、インターンがその企業の表面的イメージを現実から逆に乖離させているということである。学生側も、インターンから何を学びとったかではなく、どこに行ったかのアピールと、参加できたという自己満足だけでインターンを語っている。

また、かつてよりずっと言われてきていることだが、インターン生を単なる安価な人足として扱い、ピーク期の人材補充として、ろくに教育もせず、忙しい単純労働現場に出してしまうというインターンシップもなくならない。特にホテル業、リゾート地における夏季、冬季休暇のインターンシップに参加した学生はだいたいこれでホテル業が嫌になり、別の業種に志望転換するきっかけとなる。この問題点は以前から指摘されているにもかかわらず、最近は人手不足の状況にさらに拍車がかかり、なりふり構わず人材を集めてこないと営業自体ができないという事態にもなりかねないため、事態は改善されていない。

また、全大学の七二・九％がインターンシップの単位認定をしているにもかかわらず、このような大学での単位認定インターンシップに参加している学生は全体のたった二・六％に留まっているという現状がある。(3) 大学が提供するインターンシップのラインナップは既に学生の求めるものとは齟齬が生じていることが見て取れる。一部の大学では新カリキュラムを構築する際、単位制のインターンシップ自体を廃止する動きも見られる。

コンテスト

最近、特に地方で盛んになってきているのが、観光まちづくりコンテスト、観光プランコンテスト等のコンテストのたぐいである。これは地方創生や観光等の事業で地方自治体に予算がついて、それを旅行会社やコンサルティング会社が受注して実施するものが多い。学生を巻き込むというのが、多様な主体が参画する観光という図式を演出するのに効果的であり、地元の大学と、マーケットである大都市圏の大学の学生がともに競い合うという構図も、資金の出所である役所に対して事業として見栄えがする。そのため、ここ最近とみにこのようなコンテストが増えてきた。

しかし、実際は、旅行プランとして商業的に成立するものが出てくることは少なく、地元としても、一つの観光資源に特化するよりも、できるだけ多くの地元の資源を取り上げてもらえる方がありがたいとばかりに、テーマ性や実現可能性よりも総花的な案が選ばれることが多く、何のためにコンテストをしているのかが見えてこない。

さらに、実際に筆者のゼミ生が参加したあるコンテストではこんなことがあった。彼女たちのチームは惜しくも入賞を逃した。しかし、その後、担当者から学生に電話があり、プラン全体としては実現できないものの、プランの一部として提示していた地元の農産物の青空市をやらせてあげるから、ついてはそれの企画書を書き、出店者への依頼から実行まで、全部学生の力でやってもらえるかとの打診が来た。

これも、学生を体のよい安価な労働力としか見ていない端的な事例である。実現させるなら有償でないにしても何らかの賞を与えるべきで、落としておいて、しかもそのメインの提案ではなく、自分たちにとって都合のいいところだけを切り取って、人足として学生にやらせるとは言語道断である。普通に行政が行っている企画コンペであっても、落とした企画のほうの一部だけを切り取って、無償でやらせるなんてことはしないはずである。それを相手が学生であればこんな無茶な依頼もしてしまうのが現状である。学生も提案内容に盛り込んだ手前上、やりたくないとは言えず、相手側のペースに乗せられてしぶしぶ動きつつあったものの、どうも納得いかないということで筆者のところに相談に来て、このような状態であることが発覚した。本件に関しては筆者が介入してお断りした。以降、島川ゼミはコンテストのたぐいは一切参加しないことにした。参加してほしいと要望が来ることもあるが、その場合はコンテストではなく、最初からがっぷり四つに組み、ともにプロジェクトを進めていく枠組みを求めている。コンテストよりもずっと学生も参加意識が高まり、愛着もわくからである。

寄附講座

最近では観光関連の寄附講座を開設する大学も増えてきた。しかし、観光学部・学科ではなく、有名大学で実施するものが多く、そのような大学から、旅行・観光関連産業に進路を取る学生は多くない。もちろん、優秀な人材を集めること、今まで観光を選択肢に入れていなかった学生にも関心を持ってもらうことというメリットも挙げられるが、それよりも「この大学に寄附講座を持っている」という企業側のアピールのためという側面が強い。

受講者が多く集まったと企業側は喜んでいるが、学生の立場からすると、寄附講座のようにオムニバスで行われる講義は大半が「楽勝科目」であり、テキトーなレポートを書いておけば、単位を落とすことはないという目論見がある。学生は、関心があるから登録しているのではなく、「楽勝」だから登録するのである。出席も代返してもばれないので、登録者数と実際の聴講数に乖離があることも少なくない。

インターンシップの改善提案：超長期インターン

以上のように、産学連携は大学改革の打ち出の小づちとはなり得ていない現状がある。このような問題点はどこに起因するかといえば、すべて、参加する学生が何を学ぶことができるかということよりも、企業側、または大学・教員側の求めるものが優先されているところに共通点を見出すことができる。例えばインターンシップでは、学生がそれを通して何を学ぶか、これを最優先に考えた産学連

	月	火	水	木	金
1 9:00 ǀ 10:30					
2 10:40 ǀ 12:10			旅行業法論		
3 13:00 ǀ 14:30			Reading and Vocabulary A		
4 14:45 ǀ 16:15		観光学概論		国内運賃料金	Academic Writing I
5 16:30 ǀ 18:00		旅行業関連約款	観光基礎演習	観光実学演習I	
6 18:15 ǀ 19:45	中国語I	情報演習	English Communication A		ホスピタリティ概論

図9-1　ある学生の時間割の例

携を構築することで、現状を打開することができる。以下では、それが実現できたと考えられる、筆者が実際に関わった事例を紹介する。

まず、インターンシップに関しての新たな取組みとして、超長期インターンの事例を紹介する。東洋大学では、二〇一七年四月に学部に昇格した国際観光学部において、超長期インターンを取り入れた「観光プロフェッショナルコース」を立ち上げた。これは、基本的に一年生から三年生までの三年間を同一企業で働くことを前提として、午前中は企業で働き、一四時四五分開始の授業に間に合わせて大学に戻るというカリキュラムを組んでいる。水曜日だけは朝から大学に来て一日中授業を受ける。学生は例えば図9－1のような時間割を組んでいる。

三年間という超長期だと、表面的イメージに騙されないし、現実を直視することができる。そして、この枠組みは趣旨を理解してもらえる企業と担当教員が綿密に打ち合わせをし、学生の三年間にわたる育成計画を協働で考えていく。企業側も、数部署を経験させるなど、一般的なアルバイトとは異なる対応をしてくれている。これだけの超長期なので、無給ではなく、アルバイト代を支給してもらっている。この枠組みで、現在、旅行会社は一社、バス会社二社、宿泊系九社、エアライン、テーマパーク、損害保険、不動産それぞれ一社と契約し、それぞれの学年で約二〇名の学生が働きながら学んでいる。

とはいえ、一年生はつい先日まで高校生をやっていた学生たちなので、当初は連携企業側に迷惑をかけないか心配であった。しかし参加したメンバーは一年で大きく成長し、他の学生とは見違えるほど積極的になった。派遣先企業でいま取り組んでいる業務内容を他企業の所属学生と共有する機会も積極的に取り入れているので、結束力が高まったと同時に、プレゼン能力も大幅に向上した。

学生の成長は目覚ましい。短期ではなく、長期でじっくり取り組むからこそ、業務の習得と人間的な成長が期待できる。連携企業からもやってよかったとの声が一様に寄せられている。

完全に学生主体で実施する旅館再生プロジェクト

このプロジェクトは、二〇一六年にＪＴＢ国内旅行企画に勤務する島川ゼミＯＢの働きかけによって始まった。彼は東北地方の旅館の営業を担当していたが、折からの東日本大震災の影響で集客減に悩んでいた福島県磐梯熱海温泉の金蘭荘花山と今後の展開についてディスカッションしていくうちに、自分の出身大学ゼミが東日本大震災後の被災地観光を積極的に展開していることから、何か産学連携で学生の持つ既存にとらわれない新しいアイデアを旅館経営に導入できないかという話になった。そこでゼミ生がコンセプトのある部屋をプロデュースすることになり、その部屋をＪＴＢ国内旅行企画としてもＪＴＢるるぶトラベルで大々的に取り扱うということとなった。

半年かけて部屋のコンセプトのアイデア出しを行い、旅館の柴田佳哉常務（現社長）とすり合わせを行い、最終的には、二つ提示したアイデアのうち、旅館の従業員の皆さんの意見も取り入れて、一つに絞った。そのあとは、備品、調度品、器財もすべて予算の範囲内で学生が選定・調達し、二月のオフ期に一週間かけて一からリノベーション工事を行う。壁紙をはがし、必要のない仕切りや天井をぶち抜くのも学生の仕事、そして、新しいインテリアにするために、壁紙貼り、ペンキ塗りもすべて学生が仕上げて、完成させる。この一週間は無料で宿泊、食事がふるまわれ、旅館の従業員の皆さんとも一体感が形成された。二〇一七年に完成した部屋は、グランピングをイメージして作られた（図9-2）。二〇一八年には、地元福島の象徴する素材や色にこだわった部屋を二種類、そして二〇一九年には着物をイメージした部屋、月をイメージした部屋をプロデュースした。柴田氏によると、すべての部屋の中で、学生がプロデュースした部屋から予約が入ってくるということで、お客様にも大好評だそうである。

学生も、先輩から成功したこと、改善すべきことを引き継いで、年を重ねるごとに、作業も効率化され、クオリティも向上している。そして、卒業しても先輩がやって来て、一緒に作業したり、遠い

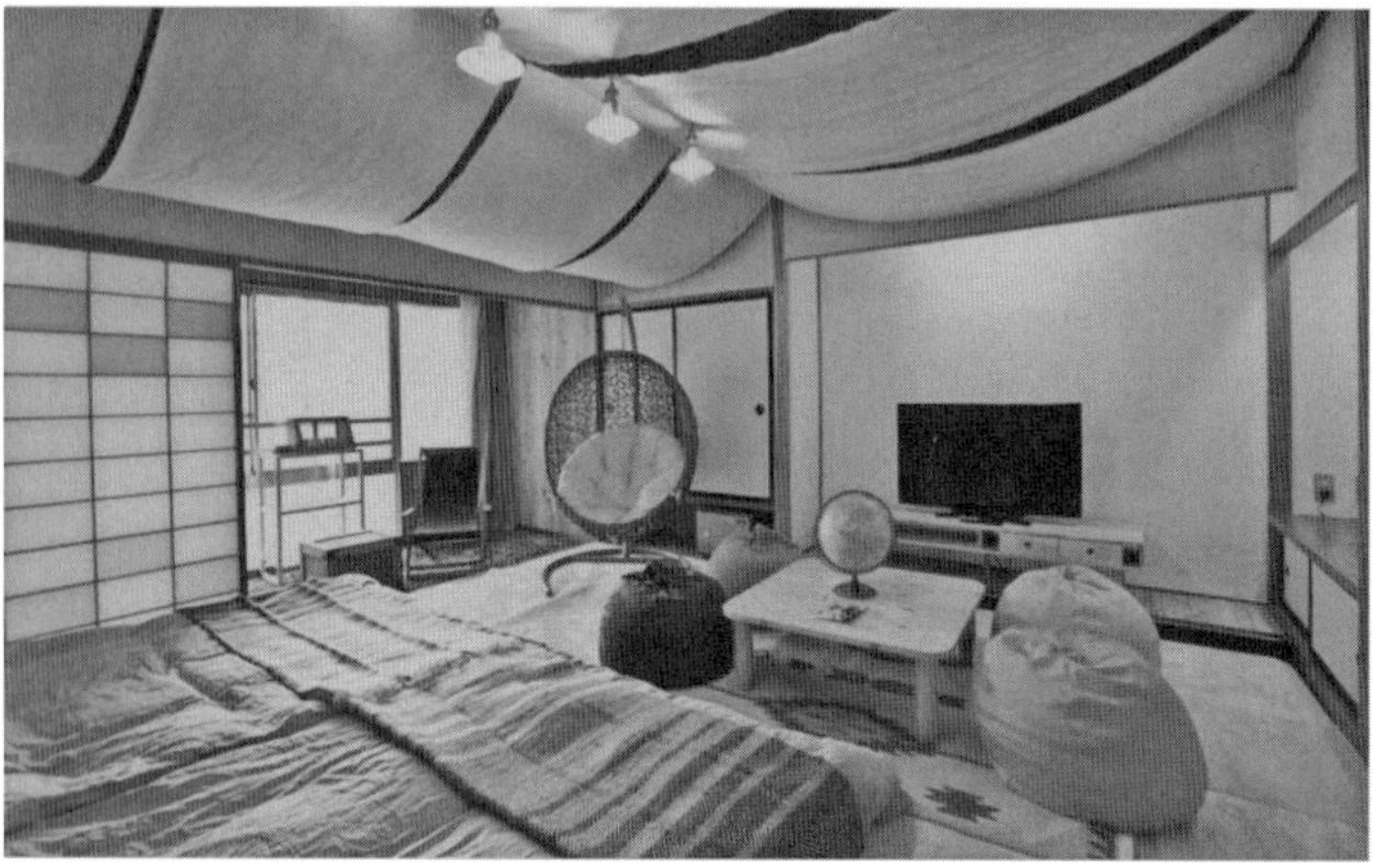

図 9-2　島川ゼミプロデュース第 1 号となったグランピングをイメージした部屋

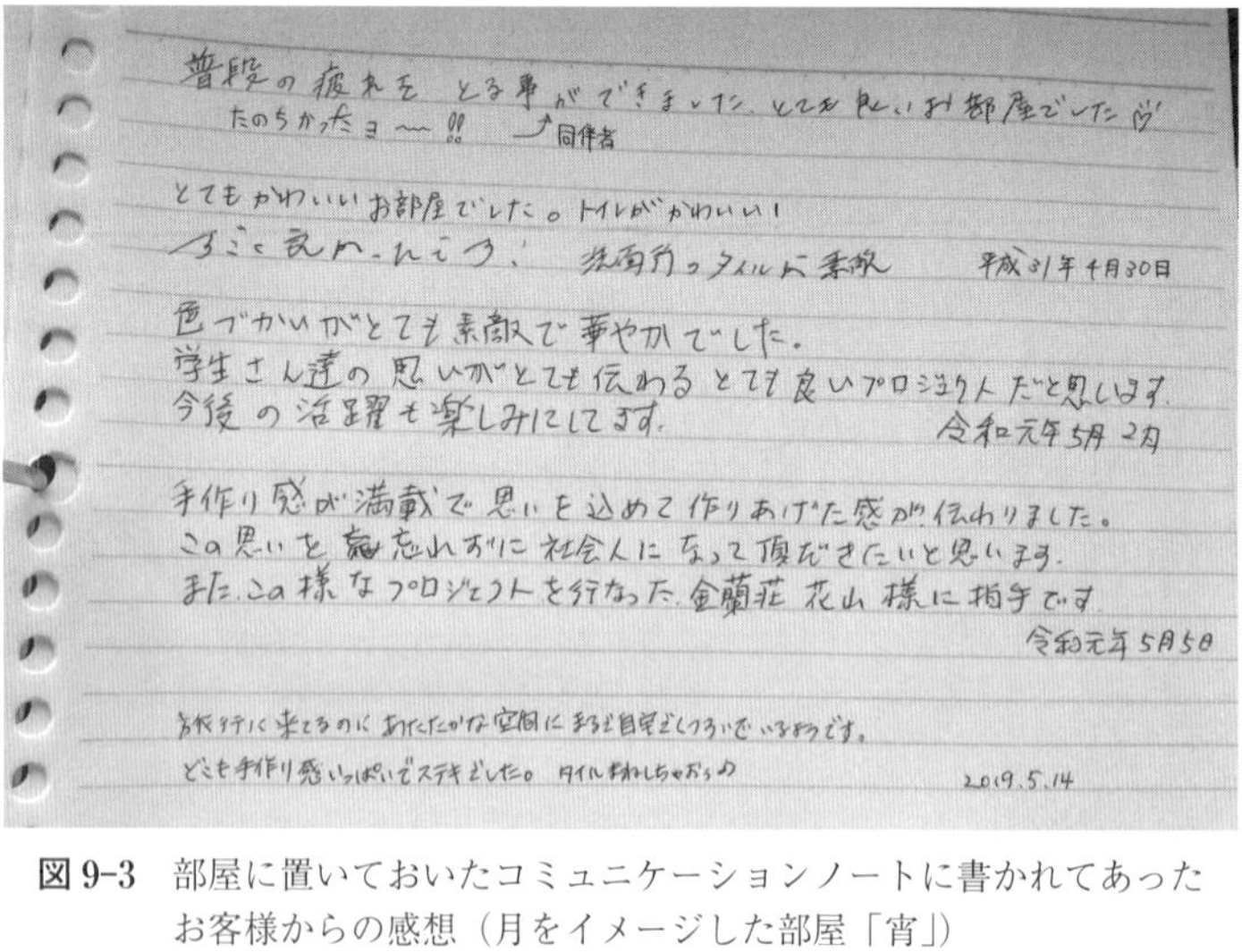

図 9-3　部屋に置いておいたコミュニケーションノートに書かれてあったお客様からの感想（月をイメージした部屋「宵」）

ところに就職した先輩は差し入れを宅配便で送ったりして、現役学生を応援している。特に、ＪＴＢ国内旅行企画に就職した島川ゼミ生は全員有休を取って、作業の期間に駆け付ける。そんな雰囲気で旅館と旅行会社と学生とＯＢとが一体となってプロジェクトを実施することから、関係者は全員金蘭荘花山に特別の思い入れができ、友達や家族を誘って自分のプロデュースした部屋に泊まったり、他の友達に積極的に紹介したりしている。

このプロジェクトが成功したのは、産業側、すなわち、ＪＴＢと金蘭荘花山の担当者が、学生にとって一番学びに繋がるようなものにするためにはどうするべきかと考えてくれたからにほかならない。産学連携を成功させるには、まさにこの一点ができるかどうかである。産業側の利益や、教員のレピュテーションのためにやっている産学連携は、学生が疲弊して持続しない。

新しい寄附講座「観光イノベーション・テクノロジー」

旅行業界はＡＩ等の新たなるテクノロジーの影響を受け、旅行専業のＯＴＡだけでなく、それを横断的に検索できる比較サイト、一般的な検索サイトの旅行シーンへの参入にさらされている。それに対して、既存の観光系学部学科、観光系専門学校も有効な手立てをカリキュラムに取り入れているとは言い難い。

いくら産業界出身の実務家教員とはいえど、実際の第一線から退くと、その瞬間から知識の陳腐化は始まり、新たなるイノベーションと疎遠になってしまうことは否めない。

しかし、これからの業界を担っていく若者たちは、そのようなイノベーションをいかに業務に生かしていくかが求められているのは明白である。そこで、東洋大学では、システム化を積極的に取り入れている株式会社旅工房と連携して、「観光イノベーション・テクノロジー」と銘打ち、旅行・観光産業とテクノロジーの最新の動向をグローバルな視点から展開する寄附講座を開設した。旅行業界において、テクノロジーを駆使しイノベーションを起こし続ける代表的な企業よりゲスト講師を招き、最前線で起こっていることを生々しく語ってもらうことで、学生に革新的でグローバルな思考を持ってもらいたいと願って企画した。

授業運営も企業に任せっきりにせず、旅行業界を熟知した教員と、情報分野を熟知した教員の二名体制で対応し、学生も毎回学内のイントラネット経由でレポートの提出が義務づけられている。

ならばそもそも大学教育とは

以上、産学連携の問題点とその改善実践事例について述べてきたが、ここで、敢えて完全な自己矛盾を承知で書きたいと思う。ならば、四年間の大学へ来ずに、高卒や、短大卒、専門学校卒での就職でもいいのではないか。インターンではなく、直接就職してしまった方がいいのではないか。この問題意識は、第3章「ツーリズムに求められる人材像」第2節で指摘した点に通じる。

現在、長年企業に有為な人材を輩出してきた名門大学が短大部を廃止する流れが止まらない。専門学校を専門職大学として改組し、四年制にする動きも加速している。

少子化が進んだのに、大学の募集人数は激増し、結果、大学を選ばなければどこかの大学には誰でも入れる状態になった。全入時代の到来である。

それでも短大、専門学校に行く学生がいるのは、高い授業料を四年間払えないという家庭が増えたからにほかならない。中堅以上の大学に行ける学力がありながら、家庭の事情で専門学校に行っている学生も多い。また、明確な志を持って、その道に確実に進むべく、専門学校を選ぶ学生も多い。筆者は最近専門学校を見学する機会を敢えて作っているのだが、素直な良い学生が多いのには驚いている。Fランクと呼ばれる全入大学では、意志が低い学生が多く、教職員の言うことなど全く聞かず、授業が成立しないところも少なくない。このことからも、今は「大学が上、専門学校が下」などという考え方は全くナンセンスである。

筆者は四年制大学に籍を置いているが、短大、専門学校が縮小傾向にあることに危惧を感じている。短大が廃止され、専門学校も四年制の専門職大学になり、その分長期インターンがもてはやされる高等教育は本質的ではないように思う。将来を悩む学生には悩むチャンスを、もうしっかり決めている学生には早くそのリアルな現場に立てるチャンスを、多様なキャリアパスを受け入れられる世の中であってほしい。そのためには、長期（超長期ではない）インターンだけをもてはやすのではなく、研究者のまねごとのような論理性とマナー教育がメインになっている現在の座学に加え、倫理観や感性を磨くカリキュラムを導入し、座学だからこそ得られる価値を再考すること、社会人の大学での学び直しの機会を創出すること、短大・専門学校から大学への編入制度を充実させることなど、大学はさらなる自己改革を進めなければ、長期インターンが今以上に導入されたときには、大学はその本質的意義を失いかねないということを自覚すべきではなかろうか。

注

（1）『Harvard Business Review』二〇一六年一二月号を参照。
（2）高岸洋行「長期インターンシップのススメ」『週刊トラベルジャーナル』二〇一八年七月二日号。
（3）高岸、二〇一八年。

引用・参考文献

島川崇「この問題の本質はどこにあるか」『週刊トラベルジャーナル』二〇一八年七月二日号。

『ＳＱＵＡＲＥ』第一九二号、一般社団法人サービス連合情報総研、二〇一八年。

矢嶋敏朗「コーディネーターの余生と予算化を」『週刊トラベルジャーナル』二〇一八年七月二日号。

あとがき

本書の構想は、二〇一八年八月にサービス連合情報総研設立を記念して開催された研究集会における山田久日本総合研究所理事の講演「デジタル変革と雇用システム」からインスパイアされたところに端を発する。

この研究集会が開催された時期は、「近い将来AIによって人の仕事が奪われていく」といった論調が全盛であった。フレイとオズボーンの論文「雇用の未来」（二〇一三年）において、アメリカの雇用者の四七％が機械に代替される可能性を持つと発表されたことは、世界中が衝撃を持って受け止め、各国で同様の調査研究がなされることとなった。我が国でも二〇一五年に野村総合研究所が、日本の労働人口の四九％がAIやロボットに代替可能との調査結果を公表した。これはあらゆるメディアで発表され、AIが近い将来人を駆逐するのではないかとの脅威を国民に漠然と植え付けた。

折しも、観光の分野では空前のインバウンドブームが席捲しており、当初二〇二〇年七～八月に予定していた東京オリンピック・パラリンピックに向けての経済効果と消費マインドの高揚により、特にサービス業における労働市場では、人手不足が大いに課題となっていた。そのことからも、企業の経営者を中心に、AIに対する期待は否が応でも高まっていた。

世間がAIに対して期待と恐怖とを併せ持った複雑な感情でアプローチする中、本書の執筆メンバーは、当初から、あまりにもＡＩに対して過度な期待や過度な恐怖を持つと本質を見誤ってしまうのではないかとの問題意識を有していた。山田理事の講演の中にもあった「ＡＩに取って代わられるのは、職業そのものではなく、タスクだ」という指摘は、本書を書き進めるにあたって私たちの中に通奏低音のように流れていた。そして、同じ研究集会で、島川は、「労働者にとって害悪となるものは、ＡＩではなく、そのＡＩの本質を見誤り、やたらと恐怖を煽り、思考停止したせいで正常な判断ができなくなってしまった経営者層やマネジメント層にほかならない」と指摘した。それを踏まえ、ＡＩをコントロールしていくには今後どのようなマインドが必要になっていくのか、そして、顧客とのコミュニケーションはどのように変化していかなければならないのかを、お互いにディスカッションしながら考察し、執筆した。特にサービス産業のマネジメント層は、自身の今までの経験のみを頼りに意思決定をしてきたことから、マネジメント層のマインドセットはどのようにあるべきか、青木が精通するＭＴＰの理論にその範を求め、執筆陣に加わってもらった。

多様な生き方を求める世間の新しい動きに呼応して、働き方改革が叫ばれるようになった。しかし企業側は、この課題に対して単なる残業削減へと意図的とも取れる矮小化した議論にしてしまい、労働者としてはそのことで余計に負担増になる面も多く、根本的な変革には至らなかった。

そこに、新型コロナウイルスが容赦なく世界中を襲うこととなる。世界各国政府が渡航制限、外出禁止、店舗閉鎖、イベント中止など経済活動の大幅な制限に踏み切ったことで、世の中は一変した。あれだけＡＩが話題に上っていたのに、もう誰もいわなくなってしまった。これは経済活動の停滞で、人手不足の状態が一気に解消されたからにほかならない。結局、人材をコストとしてしか見ていない状況は変わっていない。コロナ禍においては、迷走する中央政府と比較して、真に住民のために働く首長数名がクローズアップされた。まさに、コロナはＡＩに取って代わられるべきリーダー像を明らかにしてくれた。コロナのおかげで、今まではわかりにくかったリーダーの真贋が誰の目にも明らかになった。

これからの新しい時代を作っていく組織と人材に関して、デジタルに振り回されることなく、デジタルをツールとして使いこなせるようになるためのマインドセットを本書は構想段階から一貫して検討してきたが、図らずもコロナのおかげでそれが具現化できる可能性が高まっていると実感している。来るべき未来が、さらに人を大切にする世界になるように、私たちは常に主張し続けなければならない。

二〇二〇年六月

島川　崇

わ 行

欧 文

な　行

は　行

ま　行

や　行

ら　行

た　行

索　引

（＊は人名）

あ　行

か　行

さ　行

永井恵一（ながい・けいいち）　**第9章1節**
2006年　東京工業大学大学院情報理工学研究科情報環境学専攻修士課程修了。
現　在　淑徳大学経営学部観光経営学科助教。

執筆者紹介

島川　崇（しまかわ・たかし）　**序章，第3章，第9章3節，あとがき**

1970年　愛媛県生まれ。
2000年　ロンドンメトロポリタン大学院ビジネススクール MBA（Tourism & Hospitality）修了。
現　在　神奈川大学国際日本学部国際文化交流学科観光文化コース教授。
著　作　『新しい時代の観光学概論』ミネルヴァ書房，2020年。
『観光につける薬――サスティナブル・ツーリズム理論』同友館，2002年。
『観光と福祉』（編著），成山堂書店，2019年。

神田達哉（かんだ・たつや）　**はしがき，第1章，第2章，第4章，第5章，第9章2節**

1976年　兵庫県生まれ。
2001年　同志社大学商学部卒業。
現　在　一般社団法人サービス連合情報総研 業務執行理事兼事務局長。サービス・ツーリズム産業労働組合連合会 特別中央執行委員。JTBグループ労働組合連合会 特別執行役員。
著　作　「観光産業における労使関係・課題」『日本労働研究雑誌』第708号，独立行政法人労働政策研究・研修機構，2019年。
連載コラム「視座」『週刊トラベルジャーナル』2020年4月6日号～。

青木昌城（あおき・まさしろ）　**第6章，第7章，第8章**

1961年　神奈川県生まれ。
1983年　大学在学中，外務省派遣員として在エジプト日本国大使館勤務。
1986年　株式会社帝国ホテル入社。
2006年　シティグループ・プリンシパル・インベストメンツ・ジャパン株式会社入社。
現　在　ホスピタリティーコーチングサービス 代表チーフコーチ。一般社団法人日本産業訓練協会 公認MTPインストラクター。一般社団法人サービス連合情報総研 客員研究員。
著　作　『「おもてなし」依存が会社をダメにする――観光，ホテル，旅館業のための情報産業論』文眞堂，2015年。
『地球の歩き方　エジプト・イスラエル』（共著），ダイヤモンド・ビッグ社，1986年。
「エンジニアのための経営学1・2」『ツールエンジニア』2017年8月号・2018年2月号，大河出版。

ケースで読み解くデジタル変革時代のツーリズム

2020年11月30日　初版第1刷発行　〈検印省略〉

定価はカバーに
表示しています

著　者　島　川　　崇
　　　　神　田　達　哉
　　　　青　木　昌　城
　　　　永　井　恵　一
発行者　杉　田　啓　三
印刷者　田　中　雅　博

発行所　株式会社　ミネルヴァ書房
607-8494　京都市山科区日ノ岡堤谷町1
電　話　(075) 581-5191 (代表)
振替口座・01020-0-8076番

創栄図書印刷・藤沢製本

ISBN978-4-623-09010-5
Printed in Japan